वाचा जीवन:

व्यवस्थाविवरण 28 की आशीष में 40 दिन चलना

-

वास्तविक लोगों की कहानियाँ, वास्तविक आज्ञाकारिता और वास्तविक परिवर्तन

द्वारा

जकारियास गॉडसीगल , कम्फर्ट लाडी ओग्बे , राजदूत सोमवार ओ. ओग्बे

Table of Contents

कॉपीराइट पृष्ठ

वाचा जीवन: व्यवस्थाविवरण 28 की आशीष में 40 दिन चलना -
वास्तविक लोगों की कहानियाँ, वास्तविक आज्ञाकारिता और वास्तविक परिवर्तन

द्वारा प्रकाशित
जकारियास गॉडसीगल
के साथ साझेदारी में
गॉड्स ईगल मिनिस्ट्रीज़ (जीईएम)
वेबसाइट: www.otakada.org
ईमेल: info@otakada.org

कवर डिज़ाइन: GEM इन-हाउस टीम
आंतरिक स्वरूपण: GEM इन-हाउस टीम
संयुक्त राज्य अमेरिका में मुद्रित
प्रथम संस्करण: 2025

इस भक्ति में सभी वैश्विक कहानियाँ मौलिक, रचनात्मक रूप से अनुकूलित, या शिक्षण और प्रेरणा के उद्देश्यों के लिए गुमनाम हैं। वास्तविक व्यक्तियों या घटनाओं से कोई भी समानता विशुद्ध रूप से संयोग है जब तक कि स्पष्ट रूप से न कहा जाए।

चर्च की कहानियों के पात्र या तो काल्पनिक होते हैं या वास्तविक घटनाओं से प्रेरित होते हैं, जिन्हें स्पष्टता, गोपनीयता या महत्व देने के लिए नाम, स्थान या परिस्थितियों के साथ पुनः वर्णित किया जाता है।

पुस्तक – वाचा जीवन के बारे में :

आशीर्वाद को जीएँ। वचन की घोषणा करें। वाचा पर चलें।

क्या आप यहोवा द्वारा वादा किये गए जीवन में कदम रखने के लिए तैयार हैं?

वाचा जीवन *व्यवस्थाविवरण 28:1–14* की वाचा आशीर्वादों पर आधारित एक शक्तिशाली 40-दिवसीय वैश्विक भक्ति यात्रा है । **राजदूत मंडे ओ. ओगबे** द्वारा लिखित , साथ ही **ज़कारियास गॉडसीगल** और **कम्फर्ट लाडी द्वारा लिखित ओगबे** , यह परिवर्तनकारी संसाधन आपकी आज्ञाकारिता को प्रज्वलित करेगा, आपके विश्वास को गहरा करेगा, और आपके जीवन के हर क्षेत्र में परमेश्वर के वादों को सक्रिय करेगा।

जनजातीय गांवों से लेकर ऊंचे बोर्डरूम तक, आप सभी सात महाद्वीपों के विश्वासियों की वास्तविक जीवन की कहानियों का पता लगाएंगे जिन्होंने आज्ञापालन करने का साहस किया - और यहोवा को अपने जीवन पर स्वर्ग खोलते देखा।

आप क्या अनुभव करेंगे:

- अफ्रीका, एशिया, यूरोप, अमेरिका और अन्य स्थानों से **प्रेरणादायी दैनिक कहानियाँ**
- व्यवस्थाविवरण 28 (AMP और NLT संस्करण) पर आधारित **पवित्रशास्त्र भक्ति**
- अपने हृदय को परमेश्वर की वाचा के साथ संरेखित करने के लिए **आत्मा द्वारा निर्देशित प्रार्थनाएँ**

- अपने आध्यात्मिक अधिकार को सक्रिय करने के लिए **दैनिक घोषणाएँ**
- आज्ञाकारिता को क्रियान्वित करने के लिए **कार्यवाही कदम**
- व्यक्तिगत और समूह परिवर्तन के लिए **जर्नलिंग संकेत**

यह भक्ति गीत निम्न के लिए है:

- विश्वासी आज्ञाकारिता के आशीर्वाद को सक्रिय करने की कोशिश कर रहे हैं
- बाज़ार के नेता, मंत्रालय कार्यकर्ता, युवा और परिवार
- जो यहोवा के उद्देश्य के साथ अपने जीवन को संरेखित करने के लिए उत्सुक हैं
- चर्च, छोटे समूह और मिशन टीमें आत्मा से भरी 40-दिवसीय चुनौती की तलाश में हैं
- कोई भी व्यक्ति जो "सतही विश्वास" से थक गया है और वाचा जीवन की परिपूर्णता में चलने के लिए तैयार है

आप सिर हैं, पूंछ नहीं।
आप सिर्फ़ ऊपर हैं, नीचे नहीं।
क्योंकि वाचा सिर्फ़ एक वादा नहीं है - यह एक जीवनशैली है।

अपनी प्रति अभी प्राप्त करें और आशीर्वाद में चलना शुरू करें - वैश्विक, व्यावहारिक और शक्तिशाली रूप से।

वाचा जीवन: व्यवस्थाविवरण 28 के आशीर्वाद में 40 दिन चलना एक भक्ति से कहीं अधिक है - यह विश्वास, आज्ञाकारिता और राज्य प्रभाव की एक वैश्विक यात्रा है। व्यवस्थाविवरण 28:1–14 के समृद्ध वादों से प्रेरणा लेते हुए, यह शक्तिशाली 40-दिवसीय भक्ति आपको सभी सात महाद्वीपों के साधारण लोगों के जीवन में ले जाती है - पापुआ न्यू गिनी

के किसानों से लेकर सिलिकॉन वैली के तकनीकी नवोन्मेषकों तक - प्रत्येक व्यक्ति अद्वितीय और साहसी तरीकों से आशीर्वाद को जी रहा है।

चाहे आप छात्र हों, उद्यमी हों, माता-पिता हों, रचनात्मक हों या पेशेवर हों, यह पुस्तक आपकी मदद करती है:

- प्रतिदिन साहसपूर्ण घोषणाओं के साथ **परमेश्वर के वादों को व्यक्तिगत बनाएँ**
- कार्य-संचालित आस्था चरणों के माध्यम से **अपनी आज्ञाकारिता को गहरा करें**
- विविध सांस्कृतिक और व्यावसायिक परिवेशों में निहित अविस्मरणीय, वास्तविक दुनिया की कहानियों से **प्रेरित हों**
- हार्दिक प्रार्थनाओं और चिंतन प्रेरणाओं के साथ **आध्यात्मिक रूप से जुड़ें**

व्यक्तिगत उपयोग, छोटे समूहों, कार्यस्थल भक्ति और वैश्विक शिष्यत्व पहल के लिए बिल्कुल उपयुक्त।

इस भक्ति को अपना मार्गदर्शक बनने दें, जब आप साहसपूर्वक घोषणा करेंगे कि, "मैं सिर हूँ, पूंछ नहीं, केवल ऊपर हूँ, कभी नीचे नहीं", और यहोवा की प्रतिज्ञाओं को अपने दैनिक जीवन में साकार होते देखेंगे।

पेपरबैक विवरण

क्या होगा यदि आज्ञाकारिता का प्रत्येक कार्य ईश्वरीय आशीर्वाद के आयाम को खोल दे?

अफ्रीका के खेतों से लेकर यूरोप के बोर्डरूम तक, ओशिनिया के द्वीपीय गांवों से लेकर उत्तरी अमेरिका के शहरी केंद्रों तक, **COVENANT LIFE आपको उन पुरुषों और महिलाओं की** *वास्तविक कहानियों* के माध्यम से 40 दिनों की यात्रा पर ले जाता है जिन्होंने आज्ञापालन करना चुना - और निर्विवाद तरीकों से यहोवा के आशीर्वाद के हाथ का अनुभव किया।

व्यवस्थाविवरण 28:1–14 के शक्तिशाली वादों पर आधारित , यह भक्ति केवल एक दैनिक पाठ नहीं है - यह एक आध्यात्मिक सक्रियता है। प्रत्येक दिन आपको पवित्रशास्त्र में डुबो देता है, सात महाद्वीपों में से एक से एक परिवर्तनकारी कहानी, और कार्रवाई योग्य प्रार्थनाओं, घोषणाओं और जर्नल संकेतों के साथ विश्वास में आगे बढ़ने का आह्वान करता है।

अंदर आप पाएंगे:

- आज्ञाकारिता, जोखिम और पुरस्कार के वास्तविक जीवन के साक्ष्य
- व्यवस्थाविवरण 28 की वाचा की आशीषों पर आधारित धर्मशास्त्रीय चिंतन
- अपने हृदय को यहोवा के वचन के साथ संरेखित करने के लिए प्रार्थनाएँ और भविष्यसूचक घोषणाएँ

- अपनी यात्रा और प्रतिक्रियाओं को रिकॉर्ड करने के लिए जर्नलिंग स्पेस
- एक वैश्विक भक्ति अनुभव जो मसीह के शरीर को सीमाओं के पार जोड़ता है

चाहे आप एक व्यापारिक नेता हों, एक छात्र हों, एक अभिभावक हों, एक मिशनरी हों, या कोई ऐसा व्यक्ति जो मार्गदर्शन चाहता हो, COVENANT LIFE आपको परमेश्वर की सर्वोत्तम स्थिति में कदम रखने के लिए व्यावहारिक, आत्मा-निर्देशित मार्गदर्शन प्रदान करता है - चाहे आप दुनिया में कहीं भी हों।

आपको बुलाया गया है। आपको चुना गया है। आप धन्य हैं। अब इसे पूरा करें - एक दिन, एक बार में आज्ञाकारिता का एक कार्य।

के बारे में लेखक

जकारियास गॉडसीगल , **कम्फर्ट लाडी ओगबे और राजदूत मंडे ओ. ओगबे ,** जोशीले वैश्विक मंत्री और शिष्य हैं जो विश्वासियों को रोज़मर्रा की ज़िंदगी में यीशु के प्यार और शक्ति को जीने के लिए तैयार करने के लिए प्रतिबद्ध हैं। *गॉड्स ईगल मिनिस्ट्रीज़* और उनके प्लेटफ़ॉर्म www.otakada.org और www.wealthbeyondworryseries.com के ज़रिए , वे आस्था-आधारित संसाधनों के साथ राष्ट्रों तक पहुँचते हैं जो धर्मग्रंथ, कहानी और परिवर्तन की रणनीति को जोड़ते हैं।

राजदूत मंडे ओ. ओगबे

गॉड्स ईगल मिनिस्ट्रीज जीईएम के संस्थापक, राजदूत मंडे एक भविष्यवक्ता शिक्षक, राज्य रणनीतिकार और राष्ट्रों के लिए दिल से वैश्विक शिष्य-निर्माता हैं। मंत्रालय, व्यवसाय और नेतृत्व कोचिंग में दो दशकों से अधिक के साथ, उनका मिशन आज्ञाकारिता-आधारित शिष्यत्व, आत्मा-नेतृत्व वाले नवाचार और समग्र परिवर्तन के माध्यम से "राष्ट्रों को बीज देना और जीवन बदलना" है। वह ओटाकाडा.org के पीछे दूरदर्शी भी हैं , जो विश्वास-आधारित सामग्री और वैश्विक आउटरीच के लिए एक डिजिटल हब है।

जकरियास गॉडसीगल

प्रार्थना, उद्देश्य और राज्य दर्शन के व्यक्ति हैं, जकरियास गॉडसीगल सुसमाचार में एक भावुक मध्यस्थ और सह-श्रमिक हैं। यहोवा के वाचा सिद्धांतों को आगे बढ़ाने के लिए उनकी प्रतिबद्धता उनकी शांत शक्ति और भविष्यसूचक अंतर्दृष्टि में परिलक्षित होती है। वह एक आध्यात्मिक प्रोत्साहनकर्ता, संरक्षक और सह-लेखक के रूप में कार्य

करते हैं, इस भक्ति यात्रा में अपने ज्ञान और जीवन के अनुभव का योगदान देते हैं।

आराम लाडी ओगबे

विश्वास के पोषक और परिवारों के निर्माता, कम्फर्ट लाडी ओगबे एक शिक्षिका, माँ और यहोवा की सेवक हैं जो अनुग्रह और करुणा में चलती हैं। वह इस वाचा के कार्य में संतुलन, गहराई और मातृत्वपूर्ण हृदय लाती हैं। व्यावहारिक शिष्यत्व और महिलाओं के आध्यात्मिक विकास के लिए उनका जुनून इस परियोजना और उससे आगे उनके योगदान को आकार देता है।

साथ मिलकर, वे एक सेवकाई टीम बनाते हैं जो वैश्विक कलीसिया को जीवन के हर क्षेत्र में - स्थानीय और वैश्विक स्तर पर - प्रभावशाली वाचा जीवन जीने के लिए तैयार करने के लिए समर्पित है।

आपके लिए एक संदेश — पाठक

प्रिय कॉवेनेंट वॉकर,

आपने यह पुस्तक संयोगवश नहीं उठाई।

आपकी आत्मा में एक हलचल है - अनंत काल से एक प्रतिध्वनि - जो आपके जीवन पर परमेश्वर द्वारा कही गई हर बात को जीने की इच्छा रखती है। आप जीवित रहने से कहीं अधिक के लिए बनाए गए थे। आप आज्ञाकारिता, संरेखण और भरपूर आशीर्वाद के लिए पैदा हुए थे। यह केवल एक भक्ति नहीं है। यह यहोवा के साथ वाचा जीवन में एक **दिव्य आह्वान है।**

बहुत समय से, व्यवस्थाविवरण 28 की आशीषें भौतिक लाभ तक सीमित हो गई हैं। लेकिन ये वादे कभी भी सिर्फ़ सोने और चाँदी के बारे में नहीं थे - ये **आपके जीवन के हर क्षेत्र में ईश्वर की उपस्थिति के बारे में हैं** : आपका घर, आपका काम, आपके बच्चे, आपकी यात्रा, आपकी पहचान, आपकी आवाज़। यह 40-दिवसीय यात्रा आपको आगे बढ़ाएगी, आपको जगाएगी, और आपके जीवन के लिए स्वर्ग के एजेंडे के साथ आपको फिर से जोड़ेगी।

आप हर महाद्वीप की सच्ची कहानियों से गुज़रेंगे - साधारण लोगों की कहानियाँ जिन्होंने आज्ञाकारिता के असाधारण कदम उठाए। उनका साहस आपके आराम को चुनौती देगा। उनका विश्वास आपको कार्रवाई के लिए प्रेरित करेगा। उनका परिवर्तन आपको याद दिलाएगा कि परमेश्वर अभी भी चमत्कार करने के व्यवसाय में है - उन लोगों के लिए जो उसके मार्गों पर चलते हैं।

हर दिन, जब आप पढ़ते हैं, घोषणा करते हैं, प्रार्थना करते हैं और कार्य करते हैं - आप वाचा के बीज बो रहे हैं जो आपके जीवनकाल से परे फल देगा। जल्दबाजी न करें। इसे आत्मसात करें। वचन को सामना करने और सांत्वना देने दें। कहानियों को अपने जुनून को प्रज्वलित करने दें। घोषणाओं को अपने वातावरण को आकार देने दें। और सबसे बढ़कर - **प्रतिक्रिया दें** । आज्ञाकारिता आशीर्वाद का द्वार है।

इस यात्रा में आप अकेले नहीं हैं। राष्ट्रों में, अन्य लोग भी आपके साथ आगे बढ़ रहे हैं। आप एक अनुबंधित परिवार का हिस्सा हैं - आपको आशीर्वाद देने के लिए बुलाया गया है, चुना गया है और आशीर्वाद दिया गया है।

अब, अपना दिल खोलो। वचन को खोलो। और दिन-ब-दिन
वाचा के जीवन में चलना शुरू करो ।

प्यार, सम्मान और उम्मीद के साथ,
राजदूत मंडे ओ. ओगबे
जकारियास गॉडसीगल
कम्फर्ट लाडी ओगबे

इस पुस्तक को कैसे पढ़ें - व्यक्तिगत

वाचा जीवन: व्यवस्थाविवरण 28 की आशीषों में 40 दिन चलना एक दैनिक पाठ से कहीं अधिक है - यह आपके दैनिक जीवन में यहोवा की वाचा आशीषों को सक्रिय करने के लिए एक **आध्यात्मिक मुठभेड़ और व्यावहारिक यात्रा है।**

इसका अधिकतम लाभ उठाने का तरीका यहां बताया गया है:

एक दिन एक बार – 40 दिन से अधिक

प्रत्येक दिन आपके दिल, दिमाग और कार्यों का मार्गदर्शन करने के लिए संरचित है। इसमें जल्दबाजी न करें। पवित्र आत्मा को हर भाग में बोलने दें। चाहे आप सुबह शुरु करें, लंच ब्रेक के दौरान, या सोने से पहले - सुसंगत रहें।

वैश्विक कहानी पढ़ें

प्रत्येक दिन की शुरुआत सभी सात महाद्वीपों की वास्तविक दुनिया की एक शक्तिशाली कहानी से होती है। ये कहानियाँ आपको यह समझने में मदद करने के लिए डिज़ाइन की गई हैं कि आशीर्वाद जीवन के सभी क्षेत्रों में कैसे प्रकट हो सकता है - किसानों से लेकर सीईओ तक, छात्रों से लेकर वरिष्ठ नागरिकों तक।

पवित्रशास्त्र पर मनन करें

प्रत्येक दिन के लिए मुख्य श्लोक **व्यवस्थाविवरण** 28:1–14 **से है, जिसे गहराई और स्पष्टता के लिए** AMP और NLT दोनों अनुवादों के साथ जोड़ा गया है। इसे ज़ोर से पढ़ें। वचन को अपनी आत्मा में बसने दें।

भक्तिपूर्ण अंतर्दृष्टि प्राप्त करें

यह संक्षिप्त शिक्षा आपको कहानी और पवित्रशास्त्र को अपने संदर्भ में समझने में मदद करेगी। यह सिर्फ़ जानकारी नहीं है - यह परिवर्तन के लिए रहस्योद्घाटन है।

प्रार्थना करें

हर प्रार्थना आपके जीवन को यहोवा की वाचा के साथ जोड़ने के लिए तैयार की गई है। इसे धीरे-धीरे बोलें। रुकें। चिंतन करें। इसे व्यक्तिगत बनाएँ।

साहसपूर्वक घोषणा करें

आपके शब्द आपकी दुनिया को आकार देते हैं। विश्वास और आग के साथ आशीर्वाद की घोषणा करें। आप भीख नहीं मांग रहे हैं - आप वाचा को लागू कर रहे हैं!

शुरू करने से पहले एक नोट

दैनिक घोषणा पृष्ठ से शुरू करना सुनिश्चित करें। आपके शब्दों में वजन होता है - *उनमें उपस्थिति और आध्यात्मिक शक्ति होती है*। पवित्रशास्त्र के अनुरूप की गई घोषणाएँ केवल हवा में गूँजती नहीं हैं - वे आपकी वास्तविकता को आकार देती हैं।

जैसा कि पवित्रशास्त्र हमें याद दिलाता है:

***"जैसा मनुष्य अपने मन में विचार करता है, वैसा ही वह आप होता है।"* – नीतिवचन** 23:7

***"जो मन में भरा है, वही मुंह पर आता है।"* – लूका** 6:45

***"जो जो निकम्मी बातें मनुष्य कहेंगे, न्याय के दिन वे हर एक बात का लेखा देंगे।"* – मत्ती** 12:36

यदि हमारे व्यर्थ शब्द भी रिकॉर्ड किए जाते हैं, तो परमेश्वर के वचन में निहित जानबूझकर, विश्वास से भरी घोषणाएँ कितनी अधिक होंगी? यहोवा विश्वासी हृदय की गहराई से उठने वाली बातों को सुनता है, रिकॉर्ड करता है, और उनका जवाब देता है। जब आप उसकी प्रतिज्ञाएँ ऊँची आवाज़ में बोलते हैं, तो स्वर्ग हिल जाता है।

इसलिए, प्रत्येक दिन आगे बढ़ने से पहले रुकें, घोषणा करें, और अपने हृदय और आवाज को सत्य के साथ संरेखित करें।

कार्यवाही करना

कर्मों के बिना विश्वास मृत है। प्रत्येक दिन आज्ञाकारिता का एक सरल लेकिन शक्तिशाली कदम शामिल है। वचन को क्रियान्वित करें!

चिंतन एवं जर्नल

गहराई से जानने के लिए जर्नल प्रॉम्प्ट का उपयोग करें। यहोवा क्या कह रहा है, उसे लिखें। गवाहियाँ, प्रार्थना के उत्तर और विकास के क्षेत्रों को रिकॉर्ड करें। यह आपका व्यक्तिगत वाचा रिकॉर्ड है।

इसे अकेले या समूह में प्रयोग करें

- व्यक्तिगत परिवर्तन के लिए अपनी गति से आगे बढ़ें, लेकिन इरादे बनाए रखें।
- समूहों के लिए, कहानियों और संकेतों का उपयोग चर्चा प्रारंभ करने के लिए करें।
- चर्चों, व्यवसायों या प्रार्थना टीमों के लिए - एक साथ 40-दिवसीय वाचा चुनौती बनाएं!

बार-बार देखें

वाचा एक बार का वादा नहीं है - यह एक **जीवनशैली है** । चुनौती या निर्णय के समय में विशिष्ट दिनों पर दोबारा विचार करें। इसे यहोवा की वफ़ादारी में अपने आपको स्थिर करने दें।

यह आपके लिए वाचा शक्ति में वृद्धि करने का समय है। आशीर्वाद को अपनी जीवनशैली बनने दें। एक दिन में एक बार। एक समय में आज्ञाकारिता का एक कदम। उसकी महिमा और आपके प्रभाव के लिए।

इस भक्ति का उपयोग कैसे करें - *व्यक्तियों, छोटे समूहों और नेताओं के लिए एक मार्गदर्शिका*

वाचा जीवन: व्यवस्थाविवरण 28 के आशीर्वाद में 40 दिन चलना एक 40-दिवसीय वैश्विक भक्ति अनुभव है जो आपके दैनिक जीवन में यहोवा की वाचा की प्रतिज्ञाओं को जगाने के लिए कहानी, शास्त्र, आत्मा-निर्देशित प्रार्थना और आज्ञाकारी कार्रवाई को जोड़ता है। चाहे आप अकेले पढ़ रहे हों, किसी मित्र के साथ, या किसी समूह का नेतृत्व कर रहे हों, यहाँ बताया गया है कि इसका अधिकतम लाभ कैसे उठाया जाए।

व्यक्तियों के लिए

- **प्रतिदिन एक भक्ति पाठ पढ़ें।** प्रत्येक दिन वैश्विक कहानियों और व्यावहारिक अनुप्रयोग के माध्यम से व्यवस्थाविवरण 28:1–14 की सच्चाई पर आधारित है।
- **वचन को साहसपूर्वक घोषित करें।** अपनी वाचा मानसिकता को मजबूत करने के लिए दैनिक घोषणा को ज़ोर से बोलें। खास तौर पर इसका लंबा संस्करण जो दैनिक घोषणाओं से ठीक पहले एक अलग पृष्ठ पर होता है।
- **प्रार्थना करें और उसे व्यक्तिगत बनाएँ।** प्रार्थनाओं को यहोवा के साथ गहन बातचीत के लिए एक स्प्रिंगबोर्ड के रूप में उपयोग करें।
- **कार्यवाही करें।** प्रत्येक दिन आपको आशीर्वाद को केवल पढ़ने की नहीं, बल्कि उसे जीने में मदद करने के लिए एक सरल कदम प्रदान करता है।

- **प्रतिदिन डायरी लिखें।** परमेश्वर आपको चिंतन के माध्यम से, प्रार्थनाओं के उत्तर मिलने पर, या लिए गए निर्णयों के माध्यम से क्या दिखा रहा है, उसे दर्ज करें।
- **इसे अपनी वाचा की आदत बना लें।** जीवन के बड़े फैसलों या आध्यात्मिक सूखे के समय में इसे अपनाएँ।

छोटे समूहों के लिए

यह भक्ति-गीत घरों, चर्चों, कार्य दलों या ऑनलाइन समुदायों में सामूहिक शिष्यत्व के लिए उपयुक्त है।

- **सप्ताह में एक बार या हर कुछ दिनों में मिलें।** प्रत्येक सत्र से पहले सदस्यों को पढ़ने के लिए 5-7 भक्ति पाठ सौंपें।
- **प्रार्थना से शुरुआत करें।** बातचीत का मार्गदर्शन करने के लिए पवित्र आत्मा को आमंत्रित करें।
- **मुख्य बातें साझा करें।** सदस्यों को उन कहानियों, शास्त्रों और जर्नल संकेतों पर विचार करने के लिए प्रोत्साहित करें जो उन्हें प्रभावित करते हैं।
- **कार्यवाही के चरणों पर चर्चा करें।** समूह के सदस्यों ने दैनिक आज्ञाकारिता चुनौतियों को कैसे लागू किया?
- **सामूहिक घोषणा के साथ समाप्त करें।** एकता और विश्वास को मजबूत करने के लिए एक साथ आशीर्वाद बोलें।

- **एक वाचा संस्कृति बनाएँ।** समूह के सदस्यों को व्यावहारिक आज्ञाकारिता में एक दूसरे का समर्थन करने के लिए प्रोत्साहित करें।

नेताओं और सुविधा प्रदाताओं के लिए

एक नेता के रूप में, आपकी भूमिका एक सुरक्षित, आत्मा-निर्देशित वातावरण बनाना है जहां वाचा की सच्चाई को सिर्फ सुना ही नहीं जाता - बल्कि जीया भी जाता है।

- **पहले से तैयारी करें।** आगे पढ़ें, सत्र के बारे में प्रार्थना करें, और साझा करने के लिए अपनी खुद की कहानी पर विचार करें।
- **इसे कहानी पर केंद्रित रखें।** चर्चा को बढ़ावा देने के लिए वैश्विक उदाहरणों का उपयोग करें। पूछें: *"आपने भगवान को इस तरह से कहाँ चलते हुए देखा है?"*
- **सुविधा प्रदान करें, हावी न हों।** दूसरों को शामिल होने दें। जर्नल प्रॉम्प्ट या धर्मग्रंथ पर आधारित खुले प्रश्न पूछें।
- **गवाही को प्रोत्साहित करें।** समूह के सदस्यों के लिए सफलताओं, चुनौतियों और उत्तर दी गई प्रार्थनाओं को साझा करने के लिए जगह बनाएँ।
- **गोपनीयता और देखभाल बनाए रखें।** जैसे-जैसे दिल खुलते हैं, गोपनीयता का सम्मान करें और प्रार्थनापूर्ण समर्थन प्रदान करें।
- **परिवर्तन के लिए चुनौती।** केवल पुस्तक को ही न पढ़ें - पुस्तक को समूह में जाने दें।

नेताओं के लिए नमूना चर्चा प्रश्न

1. इस सप्ताह कौन सी कहानी सबसे अधिक चर्चित रही? क्यों?
2. इस घोषणा ने आपके दृष्टिकोण को किस प्रकार आकार दिया?
3. आपने क्या कदम उठाया और क्या हुआ?
4. परमेश्वर आपको और अधिक गहरी आज्ञाकारिता के लिए कहां बुला रहा है?
5. आप व्यवस्थाविवरण 28 को अपने जीवन में किस प्रकार घटित होते हुए देख रहे हैं?

40-दिवसीय वाचा चुनौती विचार

- 40-दिवसीय चर्च-व्यापी या टीम-व्यापी चुनौती शुरू करें।
- प्रत्येक सप्ताह व्हाट्सएप, टेलीग्राम या समूह मीटिंग के माध्यम से साक्ष्य साझा करें।
- लोगों को दान, प्रार्थना अनुरोध, या अनुवर्ती शिक्षाओं से जोड़ने के लिए क्यूआर कोड का उपयोग करें।
- अनुबंध नवीनीकरण और उत्सव सेवा के साथ समापन करें।

याद रखें: आप सिर्फ़ भक्ति-कथा नहीं पढ़ रहे हैं। आप एक अनुबंधित जीवनशैली में कदम रख रहे हैं - जो आपको, आपके समुदाय को और आपके आह्वान को बदल देती है।

शुरू करने से पहले एक नोट

दैनिक घोषणा पृष्ठ से शुरू करना सुनिश्चित करें। आपके शब्दों में वजन होता है - *उनमें उपस्थिति और आध्यात्मिक शक्ति होती है*। पवित्रशास्त्र के अनुरूप की गई घोषणाएँ केवल हवा में गूँजती नहीं हैं - वे आपकी वास्तविकता को आकार देती हैं।

जैसा कि पवित्रशास्त्र हमें याद दिलाता है:

***"जैसा मनुष्य अपने मन में विचार करता है, वैसा ही वह आप होता है।"* – नीतिवचन** 23:7

***"जो मन में भरा है, वही मुंह पर आता है।"* – लूका** 6:45

***"जो जो निकम्मी बातें मनुष्य कहेंगे, न्याय के दिन वे हर एक बात का लेखा देंगे।"* – मत्ती** 12:36

यदि हमारे व्यर्थ शब्द भी रिकॉर्ड किए जाते हैं, तो परमेश्वर के वचन में निहित जानबूझकर, विश्वास से भरी घोषणाएँ कितनी अधिक होंगी? यहोवा विश्वासी हृदय की गहराई से उठने वाली बातों को सुनता है, रिकॉर्ड करता है, और उनका जवाब देता है। जब आप उसकी प्रतिज्ञाएँ ऊँची आवाज़ में बोलते हैं, तो स्वर्ग हिल जाता है।

इसलिए प्रत्येक दिन आगे बढ़ने से पहले रुकें, घोषणा करें, और अपने हृदय और आवाज को सत्य के साथ संरेखित करें।

व्यवस्थाविवरण 28:1–14 पर दैनिक घोषणा, प्रार्थना, प्रतिबद्धता और कार्य योजना

"यहोवा के साथ वाचा की आशीष में चलना"

दैनिक घोषणा एवं प्रतिज्ञान

(हर सुबह ऊंची आवाज में बोलें या उसकी आत्मा के निर्देशानुसार बोलें)

यहोवा अपने परमेश्वर की आवाज़ का पूरी लगन से पालन करने का चुनाव करता हूँ । मैं (अपना नाम डालें) उसकी सभी आज्ञाओं का पालन करने और अपने जीवन को उसके वचन के साथ संरेखित करने के लिए प्रतिबद्ध हूँ।

इस आज्ञाकारिता के कारण, **यहोवा** मुझे पृथ्वी के सभी राष्ट्रों से ऊपर रखेगा। जब मैं (अपना नाम डालें) उसके मार्गों पर चलूँगा, तो उसने जो भी आशीर्वाद कहा है, वह मुझे मिलेगा।

मैं (अपना नाम डालें) शहर में धन्य हूँ। मैं (अपना नाम डालें) देश में धन्य हूँ।

मेरे शरीर का फल, मेरी भूमि की उपज, मेरे हाथों का काम, और मेरी सम्पत्ति की वृद्धि, ये सब धन्य हैं।

मेरा आना धन्य है। मेरा जाना धन्य है।

यहोवा मेरे शत्रुओं को जो मेरे विरुद्ध उठते हैं, मेरे सामने पराजित कर देता है; वे एक मार्ग से मेरे विरुद्ध आते हैं, परन्तु मेरे सामने से सात मार्ग से भाग जाते हैं।

यहोवा मेरे भण्डारों, मेरे व्यवसायों, मेरे रिश्तों और हर उस चीज़ पर आशीर्वाद देता है जिसे करने के लिए मैं अपना हाथ लगाता हूँ।

यहोवा मुझे अपने पवित्र व्यक्ति के रूप में स्थापित करता है, उसकी महिमा के लिए पवित्र और अलग किया गया है, क्योंकि मैं (अपना नाम डालें) उसकी सच्चाई में चलता हूं।

पृथ्वी के सभी लोग देखेंगे कि मुझे (अपना नाम डालें) **यहोवा के नाम से बुलाया गया है** , और वे मेरे जीवन में जो कुछ कर रहे हैं उससे भयभीत होंगे।

यहोवा मुझे समृद्धि से भरपूर करता है - मेरे परिवार में, मेरे उद्यमों में, और मेरे जीवन के हर क्षेत्र में।

वह मेरे लिए अपना अच्छा भण्डार - स्वर्ग - खोल देता है और मेरी भूमि पर वर्षा और मेरे परिश्रम को उचित समय पर शक्ति देता है।

मैं (अपना नाम लिखें) कई देशों को उधार देता हूं, लेकिन किसी से उधार नहीं लेता।

यहोवा मुझे सिर बनाता है, पूंछ नहीं; केवल ऊपर और कभी नीचे नहीं, क्योंकि मैं उसकी आज्ञाओं का पालन और पालन करता रहता हूँ।

मैं (अपना नाम लिखें) उसके वचन से दूर नहीं जाता - दाएं या बाएं - न ही मैं अन्य आवाजों या विकर्षणों का अनुसरण करता हूं।

मैं (अपना नाम डालें) यहोवा की वाचा में गहराई से जुड़ा हुआ हूँ। मैं (अपना नाम डालें) आशीर्वाद का पात्र हूँ। मैं (अपना नाम डालें) आज और हर दिन ईश्वरीय कृपा में चलता हूँ, यहोवा के नाम पर, आमीन!

दैनिक प्रार्थना

(घोषणा के बाद या भक्ति के दौरान प्रयोग करें)

हे मेरे परमेश्वर यहोवा, मुझे अपने साथ वाचा में बुलाने के लिए धन्यवाद। मैं आज खुद को आपकी आवाज़ के हवाले करता हूँ। अपनी आत्मा के द्वारा मुझे पूरी आज्ञाकारिता में चलने की शक्ति प्रदान करें।

आपने जिन आशीषों का वादा किया है, वे मेरे जीवन के हर क्षेत्र में स्पष्ट हों - न केवल मेरे लिए, बल्कि इसलिए भी कि अन्य लोग मेरे द्वारा आपकी महिमा को देख सकें।

हर उस सीमित मानसिकता, हर डर और हर उस विकर्षण को तोड़ दो जो मुझसे ये वादे चुराने की कोशिश करता है।

मैं प्रबन्धकत्व, बुद्धि और आध्यात्मिक अनुशासन के लिए अभिषेक प्राप्त करता हूँ।

जैसे-जैसे मैं आपकी आज्ञा का पालन करता हूँ, वैसे-वैसे आपकी आशीषें मेरे परिवार, मेरे कार्य, मेरे समुदाय और यहाँ तक कि मेरे बाद आने वाली पीढ़ियों तक भी पहुँचती रहें।

मुझे यह याद रखने में सहायता करें कि आशीर्वाद आज्ञाकारिता और उद्देश्य के माध्यम से आता है - न केवल समृद्धि, बल्कि आपके राज्य के लिए प्रभाव।

मैं घोषणा करता हूँ कि आज मैं वाचा की विजय में स्पष्टता, अनुग्रह और ईश्वरीय मार्गदर्शन के साथ चलता हूँ। यहोवा के नाम पर, आमीन।

दैनिक कार्य योजना

(वचन पर चलें - आज ही उसे जीएं)

क्षेत्र/कार्रवाई विकल्प 1

Area	Action
Obedience	Spend 15 mins reading or meditating on one instruction from God's Word. Write it down and commit to applying it.
Bless Others	Speak or do one act of kindness/blessing to someone today — this activates the blessing flow.
City & Country	Pray over your environment (home, city, workplace) and declare God's reign over it.
Storehouse	Review one financial or business area — invite Yahweh's direction, sow a seed, or tithe if not yet done.
Enemy Defeat	Identify a recurring struggle. Pray using Scripture for victory. Refuse to yield to fear or past defeat.
Holiness	Choose purity in words, actions, or thoughts today. Reject compromise, no matter how small.
Leadership Position	Lead in your sphere — mentor, encourage, or initiate something impactful today.
No Distraction	Set boundaries: Limit social media, distractions, or unfruitful conversations today. Be intentional.

क्षेत्र/कार्रवाई
विकल्प 2

क्षेत्र	कार्रवाई
आज्ञाकारिता	परमेश्वर के वचन से एक निर्देश को पढ़ने या उस पर मनन करने में 15 मिनट बिताएँ। उसे लिख लें और उसे लागू करने के लिए प्रतिबद्ध हों।
दूसरों को आशीर्वाद दें	

क्षेत्र/कार्रवाई
विकल्प 2

क्षेत्र	**कार्रवाई**
	आज किसी से दयालुता/आशीर्वाद का एक कार्य बोलें या करें - इससे आशीर्वाद का प्रवाह सक्रिय हो जाता है।
शहर देश	अपने पर्यावरण (घर, शहर, कार्यस्थल) के लिए प्रार्थना करें और उस पर परमेश्वर के शासन की घोषणा करें।
गोदाम	एक वित्तीय या व्यावसायिक क्षेत्र की समीक्षा करें - यहोवा से निर्देश मांगें, बीज बोएं, या यदि अभी तक नहीं किया है तो दान दें।
शत्रु पराजय	बार-बार होने वाले संघर्ष को पहचानें। जीत के लिए पवित्रशास्त्र का उपयोग करते हुए प्रार्थना करें। डर या पिछली हार के आगे झुकने से इनकार करें।
परम पूज्य	आज शब्दों, कार्यों और विचारों में पवित्रता चुनें। समझौता करने से बचें, चाहे वह कितना भी छोटा क्यों न हो।
नेतृत्व की स्थिति	अपने क्षेत्र में नेतृत्व करें - आज किसी को सलाह दें, प्रोत्साहित करें या कोई प्रभावशाली कार्य आरंभ करें।

क्षेत्र/कार्रवाई
विकल्प 2

क्षेत्र	**कार्रवाई**
कोई विकर्षण नहीं	सीमाएँ निर्धारित करें: आज सोशल मीडिया, ध्यान भटकाने वाली चीज़ों या बेकार की बातचीत को सीमित करें। जानबूझकर ऐसा करें।

दैनिक प्रतिबद्धता चिंतन (शाम की पत्रिका)

- **क्या आज मैं आज्ञाकारिता में चला? कैसे?**
- **मैंने यहोवा का आशीर्वाद कहाँ अनुभव किया?**
- **आज किस चुनौती ने मेरी वाचा के अनुसार चलने की परीक्षा ली?**
- **आज मैं किस वचन पर खड़ा था?**
- **कल बेहतर करने के लिए मैं क्या प्रतिबद्धता दिखा सकता हूँ?**

शुरू करने से पहले एक नोट

दैनिक घोषणा पृष्ठ से शुरू करना सुनिश्चित करें। आपके शब्दों में वजन होता है - *उनमें उपस्थिति और आध्यात्मिक शक्ति होती है*। पवित्रशास्त्र के अनुरूप की गई घोषणाएँ केवल हवा में गूँजती नहीं हैं - वे आपकी वास्तविकता को आकार देती हैं।

जैसा कि पवित्रशास्त्र हमें याद दिलाता है:

***"जैसा मनुष्य अपने मन में विचार करता है, वैसा ही वह आप होता है।"* – नीतिवचन** 23:7

***"जो मन में भरा है, वही मुंह पर आता है।"* – लूका** 6:45

***"जो जो निकम्मी बातें मनुष्य कहेंगे, न्याय के दिन वे हर एक बात का लेखा देंगे।"* – मत्ती** 12:36

यदि हमारे व्यर्थ शब्द भी रिकॉर्ड किए जाते हैं, तो परमेश्वर के वचन में निहित जानबूझकर, विश्वास से भरी घोषणाएँ कितनी अधिक होंगी? यहोवा विश्वासी हृदय की गहराई से उठने वाली बातों को सुनता है, रिकॉर्ड करता है, और उनका जवाब देता है। जब आप उसकी प्रतिज्ञाएँ ऊँची आवाज़ में बोलते हैं, तो स्वर्ग हिल जाता है।

इसलिए प्रत्येक दिन आगे बढ़ने से पहले रुकें, घोषणा करें, और अपने हृदय और आवाज को सत्य के साथ संरेखित करें।

समर्पण

यह कार्य प्रेमपूर्वक निम्नलिखित को समर्पित है:

यहोवा, हमारे वाचा-पालन करने वाले परमेश्वर ,
जिनके वादे कभी असफल नहीं होते और जिनकी आवाज़ अभी भी हमें आज्ञाकारिता और आशीर्वाद के लिए बुलाती है। आप इन पृष्ठों में हर शब्द के पीछे स्रोत, संदेश, श्वास हैं।

विभिन्न राष्ट्रों के सभी पुत्रों और पुत्रियों के लिए - ज्ञात और अज्ञात - जिन्होंने गुप्त रूप से और त्यागं में आज्ञाकारिता का मार्ग चुना है, यह भक्ति आपके साहस की प्रतिध्वनि है।

साहस के साथ आगे बढ़ने वाली
अगली पीढ़ी के लिए , ये कहानियाँ आपकी आत्मा को प्रेरित करेंगी, आपके संकल्प को मजबूत करेंगी, और सात महाद्वीपों में ईश्वर के साथ आपके चलने को जागृत करेंगी।

और अंत में, टूटे हुए, थके हुए और प्रतीक्षा करने वाले लोगों के लिए - इन पन्नों के माध्यम से आप यह जान सकते हैं कि वाचा केवल विश्वास करने का वादा नहीं है, बल्कि एक जीवन शैली है जिसे अपनाना है।
आपकी आज्ञाकारिता ऐसे दरवाज़े खोले जिन्हें कोई भी इंसान बंद नहीं कर सकता।

पावती

गहरी कृतज्ञता और श्रद्धा के साथ मैं स्वीकार करता हूँ:

पवित्र आत्मा,

हमारे दिव्य शिक्षक, परामर्शदाता और सहायक। आपने हर अंतर्दृष्टि लिखी और हर पृष्ठ को सांस दी। आपके बिना, ये सिर्फ़ शब्द हैं।

मेरी पत्नी, कम्फर्ट लाडी ओगबे ,

आपका विश्वास, प्रेम और मध्यस्थता मेरे जीवन और मंत्रालय में अनुग्रह की एक सतत धारा रही है। आपने प्रार्थना और उद्देश्य के साथ इस कार्य में योगदान दिया है, और मैं हमेशा आभारी हूँ।

जकारियास गॉडसीगल ,

आपकी भविष्यसूचक अंतर्दृष्टि, अथक समर्थन और आपके द्वारा धारण की गई शांत बुद्धि के लिए। ईश्वर के राज्य और उत्कृष्टता के लिए आपके दृष्टिकोण ने इस परियोजना को आगे बढ़ाने में मदद की।

वैश्विक आवाज़ें और कहानियाँ साझा की गईं - सीधे और गुमनाम रूप से,

बोर्डरूम से लेकर शरणार्थी शिविरों तक, यहोवा के प्रति आपकी आज्ञाकारिता एक गवाही बन गई है जो अब महाद्वीपों के पार भी पहुँच रही है। यह पुस्तक इसलिए मौजूद है क्योंकि आपने उसे "हाँ" कहना चुना है।

गॉड्स ईगल मिनिस्ट्रीज जीईएम की टीम,

लंबी रातों, सुबह-सुबह उठने, आध्यात्मिक युद्ध और रचनात्मक उत्कृष्टता के लिए धन्यवाद, जिसने इस भक्ति को जीवंत बना दिया। आप सहकर्मी से बढ़कर हैं; आप वाचा निर्माता हैं।

और यहोवा के हर **पाठक, मध्यस्थ और संदेशवाहक को** , इस ज्वाला को आगे बढ़ाने के लिए धन्यवाद।

प्रस्तावना

हर पीढ़ी को वाचा की शक्ति को पुनः खोजना होगा।

व्यवस्थाविवरण 28:1–14 में वर्णित वाचा की आशीषें प्राचीन नारे या खोखले वादे नहीं हैं - वे समय, स्थान और संस्कृति के पार अपने लोगों के लिए यहोवा की जीवित, साँस लेने वाली घोषणा हैं। उन्हें चलना, बोलना, जीना और आगे बढ़ाना है।

जैसे-जैसे मैं यात्रा करता गया, प्रार्थना करता गया, सुनता गया, और अध्ययन करता गया, मैं एक दृढ़ विश्वास से प्रेरित हुआ: *आशीर्वाद एक जीवनशैली बन जाना चाहिए*। सिर्फ़ प्रचारकों, भविष्यवक्ताओं या मंच के नेताओं के लिए ही नहीं - बल्कि मनीला में छात्र, अकरा में विक्रेता, कुआलालंपुर में नीति निर्माता और सैन फ्रांसिस्को में कोडर के लिए भी। *यहोवा की वैश्विक वाचा योजना में हर किसी की भूमिका है।*

इस भक्तिगीत का जन्म उसी आह्वान के प्रत्युत्तर में हुआ।

वाचा जीवन: व्यवस्थाविवरण 28 की आशीषों में 40 दिन चलना केवल चिंतन की पुस्तक नहीं है। यह एक भविष्यसूचक भक्तिपूर्ण रोडमैप है - सात महाद्वीपों में एक वैश्विक यात्रा, जो इस बात पर प्रकाश डालती है कि कैसे साधारण लोग समाज के हर क्षेत्र में असाधारण वाचा आशीषों को सक्रिय कर रहे हैं।

प्रत्येक दिन आपको प्रदान करता है:

- दुनिया भर से एक सच्ची और प्रासंगिक कहानी
- व्यवस्थाविवरण 28:1–14 का पद-दर-पद विवरण
- समझ को प्रज्वलित करने के लिए एक संक्षिप्त अंतर्दृष्टि

- ज़ोर से बोलने की एक साहसिक घोषणा
- आपकी आत्मा को संरेखित करने के लिए एक प्रार्थना
- अपने विश्वास के अनुसार जीवन जीने के लिए एक व्यावहारिक आज्ञाकारिता कदम
- और चिंतन और जर्नलिंग के लिए स्थान

इन पन्नों पर आप जिन लोगों से मिलेंगे, वे परिपूर्ण नहीं हैं - लेकिन वे **इच्छुक हैं** । और आप भी। क्योंकि यहोवा का आशीर्वाद निष्क्रिय या धर्मपरायण लोगों के लिए नहीं है - वे आज्ञाकारी लोगों के लिए हैं।

चाहे आप बाज़ार के नेता हों, मिशनरी हों, छात्र हों, सेवानिवृत्त हों या घर पर रहने वाले माता-पिता हों, आप वाचा में चलने के लिए पैदा हुए हैं। धन्य जीवन जीने के लिए। साहसपूर्वक देने के लिए। ऊपर उठने के लिए। स्वर्ग की संस्कृति को धरती पर ले जाने के लिए।

आशा है कि यह 40-दिवसीय यात्रा आपको आपकी विरासत के प्रति जागृत करेगी।
आप वचन बोलें, वचन को जियें और कर्म में वचन बनें। और आपका जीवन आने वाली पीढ़ियों के लिए इस सत्य को प्रतिध्वनित करे:

"मैं सिर हूँ, पूंछ नहीं। मैं वाचा में रहता हूँ। मैं आशीर्वाद बनने के लिए धन्य हूँ।"

उसकी वाचा में,

राजदूत मंडे ओ. ओगबे ;
जकारियास गॉडसीगल और
आराम लाडी ओगबे

परिचय अनुबंध जीवन के लिए एक वैश्विक आह्वान

प्रिय वाचा वाहक,

व्यवस्थाविवरण 28:1–14 के वादों के माध्यम से एक परिवर्तनकारी यात्रा में आपका स्वागत है। यह सिर्फ़ एक और भक्ति नहीं है - यह महाद्वीपों, संस्कृतियों और बुलाहटों में एक आध्यात्मिक आंदोलन है। चाहे आप मनीला में एक माँ हों, जोहान्सबर्ग में एक मैकेनिक हों, लंदन में एक शिक्षक हों, या अकरा में एक स्ट्रीट वेंडर हों, आशीर्वाद की वाचा आपकी है।

यहोवा का वचन भूगोल, अर्थव्यवस्था या पदवी तक सीमित नहीं है। उसकी वाचा कालातीत, शक्तिशाली और अत्यंत व्यक्तिगत है। लेकिन यह एक शर्त के साथ आती है: **"यदि तुम पूरी लगन से आज्ञा का पालन करो..."** (व्यवस्थाविवरण 28:1)।

यह पुस्तक आपकी दैनिक साथी है, जिससे आप यह पता लगा सकते हैं कि यहोवा की आशीषों की परिपूर्णता में चलने का क्या अर्थ है - **एक दर्शक के रूप में नहीं, बल्कि एक भागीदार के रूप में** । प्रत्येक दिन, आप निम्नलिखित का सामना करेंगे:

- सात महाद्वीपों में से एक की वास्तविक **जीवन की कहानी**
- धर्मग्रंथों में निहित एक **भक्तिपूर्ण अंतर्दृष्टि**
- **को** स्वर्ग से जोड़ने के लिए प्रार्थना
- अपने भाग्य को बताने के लिए एक **दैनिक घोषणा**
- इसे जीने के लिए एक **आज्ञाकारिता कार्रवाई कदम**

- गहन चिंतन और विकास के लिए एक **जर्नल प्रेरणा**

इन कहानियों में वर्णित लोग बिल्कुल आपके जैसे ही हैं। वे वास्तविक संघर्षों का सामना करते हैं, वास्तविक चुनाव करते हैं, और वास्तविक शक्ति के साथ चलते हैं क्योंकि उन्होंने यहोवा के आह्वान को स्वीकार किया है।

तो यहाँ निमंत्रण है: **इसे अपनी वाचा स्वीकारोक्ति बनाओ। इस भक्ति को अपने अंदर साहसी आज्ञाकारिता को सक्रिय करने दो। वचन बोलो। आशीर्वाद के साथ चलो। अपनी दुनिया को प्रभावित करो।**

ये 40 दिन आपकी यात्रा में एक नए युग का सूत्रपात करें - उद्देश्य, शक्ति और स्वर्ग के साथ साझेदारी का युग।

दिन 1: आज्ञाकारिता का आशीर्वाद

"यदि तू अपने परमेश्वर यहोवा की पूरी तरह से आज्ञा मानेगा और उसकी सभी आज्ञाओं का पालन करेगा... तो वह तुझे पृथ्वी की सभी जातियों में श्रेष्ठ करेगा।" – *व्यवस्थाविवरण 28:1*

ब्राज़ील की कहानी - कॉफ़ी बागान मालिक का बदलाव

जोआकिम को ब्राजील के मिनास गेरैस में अपने पिता का कॉफी फार्म विरासत में मिला था। एक समय में एक समृद्ध पारिवारिक उद्यम, यह फार्म सूखे, कुप्रबंधन और भारी कर्ज के बोझ तले दबकर जीर्ण-शीर्ण हो गया था। स्थानीय ऋणदाता चक्कर लगा रहे थे। जोआकिम, मुश्किल से अपना गुजारा कर रहा था, वह सब कुछ बेचने पर विचार कर रहा था, तभी उसे एक छोटे से ग्रामीण चर्च सेवा में आमंत्रित किया गया।

वहाँ, एक अतिथि पादरी ने व्यवस्थाविवरण 28 पर उपदेश दिया। उन्होंने आज्ञाकारिता पर ज़ोर दिया—न केवल बड़ी चीज़ों में, बल्कि जीवन के दैनिक, शांत निर्णयों में भी। सेवा के बाद, पादरी ने जोआकिम के लिए प्रार्थना की और उसे चुनौती दी: *"क्या होगा यदि आप हर दिन का पहला घंटा परमेश्वर को दें, और उनके वचन में दिए गए हर निर्देश का पालन एक व्यावसायिक मैनुअल की तरह करें?"*

जोआकिम ने इसे गंभीरता से लिया। वह सूर्योदय से पहले उठने लगा, पूजा में समय बिताने लगा, पवित्र शास्त्र पढ़ने लगा, और जो कुछ उसे महसूस हुआ उसे लिखने लगा। उसने क्रांतिकारी परिवर्तन लागू करना शुरू कर दिया: उसने अपने कर्मचारियों को उचित भुगतान किया, बीन्स

निर्यात करने के लिए अंडर-द-टेबल सौदों का उपयोग करना बंद कर दिया, और अपनी मिट्टी को पर्यावरण के अनुकूल प्रथाओं के साथ फिर से तैयार किया - तब भी जब दूसरे उसका मजाक उड़ाते थे।

दो साल के भीतर, छोटे-छोटे आशीर्वाद दिखने लगे: उनकी उपज में थोड़ी वृद्धि हुई, कीट कम हुए, और साओ पाउलो के एक छोटे कॉफी रोस्टर ने उनकी नैतिक फलियों पर ध्यान दिया। तीसरे वर्ष तक, उन्होंने अपना पहला अंतर्राष्ट्रीय निर्यात अनुबंध पर हस्ताक्षर किए। पाँचवें वर्ष तक, उनकी कहानी ब्राजील की राष्ट्रीय कृषि पत्रिका *एग्रो विदा में* टिकाऊ, आस्था-आधारित खेती के मॉडल के रूप में छपी।

शर्म और दिवालियापन से उबरकर, जोएकिम पुनर्योजी कृषि में एक राष्ट्रीय आवाज बन गया, और यह सब इसलिए हुआ क्योंकि उसने ईश्वर की आज्ञाओं का पालन करने का निर्णय लिया था।

घोषणा : मैं पूर्ण आज्ञाकारिता चुनता हूँ। यहोवा मुझे अलग करता है और मुझे ऊपर उठाता है जब मैं उसकी इच्छा के अनुसार चलता हूँ।

प्रार्थना : हे पिता, मुझे आपकी आज्ञाओं का पूरी तरह से पालन करने का साहस और अनुग्रह दीजिए। आपकी आज्ञाओं का पालन करते हुए मेरे जीवन को उन्नत कीजिए।

कार्यवाही कदम : विलंबित आज्ञाकारिता के एक क्षेत्र की पहचान करें और उस पर आज ही कार्रवाई करें।

दिन 2: अतिप्रवाह का आशीर्वाद

“यदि तुम अपने परमेश्वर यहोवा की आज्ञा मानोगे तो ये सब आशीर्वाद तुम पर आएंगे।” – *व्यवस्थाविवरण 28:2 ए.एम.पी.*

भारत की कहानी - एक सिलाई करने वाली महिला जिसके पास खोने को कुछ नहीं

मीना मुंबई के बाहर एक भीड़भाड़ वाली झुग्गी में रहती थी। 27 साल की उम्र में विधवा हो जाने के बाद उसके दो छोटे बच्चे थे, उसके पास सिर्फ़ एक सिलाई सुई, एक पुरानी फ़ुट-पैडल सिलाई मशीन और एक घिसी-पिटी बाइबिल थी, जिसे उसके दिवंगत पति ने पीछे छोड़ दिया था। वह मुश्किल से अपना जीवन यापन कर रही थी, अक्सर उसे अपने बच्चों की स्कूल फीस और भोजन के बीच चुनाव करना पड़ता था।

एक दिन, एक ईसाई रेडियो प्रसारण सुनते समय, उसने व्यवस्थाविवरण 28 पर एक शिक्षा सुनी। वक्ता ने कहा, *"आज्ञाकारिता ईश्वर के आशीर्वाद को हमारे पीछे आने के लिए आमंत्रित करती है।"* यह पंक्ति मीना को बिजली की तरह लगी। वह अपने एक कमरे के घर के बीच में बैठी और प्रार्थना की, *"हे प्रभु, मैं आपकी आज्ञा मानूँगी - भले ही मेरे पास कुछ भी न हो। आपका आशीर्वाद मुझे मिले।"*

उस दिन से मीना ने हर सुबह प्रार्थना करना शुरू कर दिया, जोर से वचन पढ़ना और अपने बच्चों, अपने घर और अपने हाथों के लिए परमेश्वर के वादों की घोषणा करना। उसने ग्राहकों से झूठ बोलने या पैसे बचाने के लिए ऐसा करने से मना कर दिया। उसने अपनी कमाई में से दसवाँ

हिस्सा दिया - कभी-कभी सिर्फ़ दस रुपये - और ज़रूरतमंद स्कूली छात्रा को हर महीने एक यूनिफ़ॉर्म देना शुरू कर दिया।

उसकी ईमानदारी की चर्चा फैलने लगी। स्थानीय स्कूल का एक शिक्षक उसका ग्राहक बन गया, फिर प्रिंसिपल और फिर पूरा स्टाफ। उसने अपने चर्च की कुछ विधवाओं को सिलाई करना सिखाया, जिससे उन्हें जीविका कमाने का अधिकार मिला। आखिरकार, एक स्थानीय एनजीओ ने उसे खोज लिया और तस्करी से बचाई गई लड़कियों को प्रशिक्षित करने के लिए उसके साथ भागीदारी की।

दस साल बाद, मीना के पास पाँच कर्मचारियों के साथ एक संपन्न बुटीक है, वह महिला सशक्तिकरण के लिए एक सामुदायिक बोर्ड में काम करती है, और तीन गाँवों में 60 से ज़्यादा लड़कियों की शिक्षा के लिए धन जुटाती है। वह आज भी हर सुबह उसी तरह शुरू करती है - शास्त्र, प्रार्थना और व्यवस्थाविवरण 28 से घोषणाओं के साथ।

मीना अक्सर मुस्कुराते हुए कहती हैं, "मैंने आशीर्वाद का पीछा नहीं किया। आशीर्वाद ने मेरा पीछा किया।"

घोषणा : परमेश्वर का आशीर्वाद मुझ पर हावी है। मैं अनुग्रह, वृद्धि और कृपा से घिरा हुआ हूँ।

प्रार्थना : हे प्रभु, मैं विश्वास करता हूँ कि जब मैं आज्ञाकारिता में चलूँगा तो आप मुझ पर आशीषें बरसाएँगे। आपकी अच्छाई मेरा पीछा करे।

कार्यवाही चरण : तीन आशीषों की सूची बनाएं और घोषणा करें जिनके बारे में आप विश्वास करते हैं कि परमेश्वर इस महीने आपको प्रदान करेगा।

दिन 3: आपके हर दिन का आशीर्वाद

"तू नगर में धन्य रहेगा, और गांव में धन्य रहेगा।" – *व्यवस्थाविवरण 28:3 NLT*

अमेरिका से कहानी – वह स्टार्टअप जिसने समझौता करने से इनकार कर दिया

जेरेड को हमेशा से ही तकनीक से प्यार था, लेकिन वह भगवान से और भी ज़्यादा प्यार करता था। सिलिकॉन वैली में बड़ी कंपनियों के लिए कई सालों तक काम करने के बाद, उसने महसूस किया कि पवित्र आत्मा उसे कुछ नया शुरू करने के लिए प्रेरित कर रही है—कुछ अलग। उसने एक ऐसी तकनीकी कंपनी बनाने का सपना देखा था जहाँ नवाचार ईमानदारी से मिलता हो, और जहाँ मुनाफ़ा कभी भी उद्देश्य से ज़्यादा न हो।

2020 में, जेरेड ने **LuminoAI लॉन्च किया** , जो शिक्षा, स्वास्थ्य सेवा और सामाजिक कल्याण प्रणालियों का समर्थन करने के लिए नैतिक कृत्रिम बुद्धिमत्ता उपकरण विकसित करने पर केंद्रित एक स्टार्टअप है। जबकि यह विचार ठोस था, उनके बोर्डरूम पिच ने एक ऐसा मोड़ लिया जिसकी अधिकांश निवेशकों को उम्मीद नहीं थी।

जेरेड ने शांति से कहा, "मैं उपयोगकर्ताओं को प्रभावित करने के लिए डार्क पैटर्न का उपयोग नहीं करूंगा।" "हम उपयोगकर्ता डेटा नहीं बेचेंगे। हम अपने प्रशिक्षुओं को उचित वेतन देंगे। और हम अपने मुनाफे का पहला 10% मिशन कार्य और मानवीय कारणों का समर्थन करने के लिए अलग रखेंगे।"

एक निवेशक ने उपहास करते हुए कहा, "आप इसके लिए गलत जगह पर हैं। यह सिलिकॉन वैली है, कोई संडे स्कूल नहीं।"

फिर भी, जेरेड ने अपनी बात पर अड़ा रहा।

पहले दो सालों तक, ल्यूमिनोएआई मुश्किल से ही चल पाया। अनुबंध विफल हो गए, और "अधिक लचीला होने" का दबाव बढ़ता गया। लेकिन जेरेड को व्यवस्थाविवरण 28:3 याद था, और हर सुबह वह घोषणा करता था: *"हे प्रभु, मेरे हाथों के काम को आशीर्वाद दें - शहर में और देश में। आपका वचन कहता है कि मैं जहाँ भी जाता हूँ, धन्य हूँ, क्योंकि मैं आपके साथ चलता हूँ।"*

फिर एक महत्वपूर्ण मोड़ आया। एक मध्यम आकार के स्वास्थ्य सेवा प्रदाता पर डेटा गोपनीयता उल्लंघन के लिए जुर्माना लगाया गया था और उसने एक नैतिक भागीदार की तलाश की। उन्हें LuminoAI मिला। बात फैल गई। अन्य मूल्य-संचालित संगठनों ने इस पर ध्यान देना शुरू कर दिया। पाँच वर्षों के भीतर, LuminoAI अमेरिका में सबसे तेज़ी से बढ़ने वाली नैतिक AI कंपनियों में से एक बन गई - अस्पतालों, स्कूलों और यहाँ तक कि आस्था-आधारित गैर सरकारी संगठनों की सेवा कर रही थी।

जेरेड कभी नहीं भूले कि उन्हें वहां कौन लेकर आया। उन्होंने दशमांश देना जारी रखा, युवा उद्यमियों को सलाह दी और हर बोर्ड मीटिंग की शुरुआत प्रार्थना से की - जबकि फर्म का वैश्विक स्तर पर विस्तार हो रहा था।

आज, वे अक्सर युवा व्यवसायिक नेताओं से कहते हैं: "आपकी दैनिक आज्ञाकारिता ईश्वर के दैनिक आशीर्वाद को आमंत्रित करती है।

आपको शहर या देश के पीछे भागने की ज़रूरत नहीं है। आप जहाँ भी जाएँगे, आशीर्वाद आपको मिल जाएगा।"

घोषणा : मैं हर जगह धन्य हूँ। मेरे आशीर्वाद भूगोल तक सीमित नहीं हैं।

प्रार्थना : हे पिता, मैं जहाँ भी जाता हूँ - शहरी या ग्रामीण - आपकी उपस्थिति मुझे फलने-फूलने का कारण बनती है।

कार्यवाही चरण : अपने वर्तमान निवास या कार्यस्थल पर आशीर्वाद बोलें - इसे एक धन्य वातावरण घोषित करें।

दिन 4: विरासत का आशीर्वाद

"तेरे बच्चे धन्य होंगे..." – *व्यवस्थाविवरण 28:4 NLT*

मिस्र की कहानी – एक विधवा की विरासत

फातिमा मिस्र के एलेक्जेंड्रिया के बाहरी इलाके में रहती थी - एक शांत महिला जिसकी गहरी आँखें थीं जिसने बहुत दुख देखा था और फिर भी उससे भी गहरा विश्वास था। उसने 36 साल की उम्र में एक दुखद निर्माण दुर्घटना में अपने पति को अप्रत्याशित रूप से खो दिया। दस साल से कम उम्र के चार बच्चों और कोई स्थिर आय नहीं होने के कारण, उसकी दुनिया रातों-रात ढह गई।

लोग फुसफुसाते हुए कहते थे, "वह कैसे बचेगी?" लेकिन फातिमा डर के आगे नहीं झुकी। इसके बजाय, वह यहोवा की ओर मुड़ी और एक वाचा बाँधी: *"यदि आप मेरे बच्चों को आशीर्वाद देते हैं, तो मैं उन्हें आपकी सेवा करने के लिए बड़ा करूँगी, चाहे इसके लिए कोई भी कीमत चुकानी पड़े।"*

हर सुबह, जब पड़ोसी बाज़ार की भीड़ से बचने के लिए दौड़ पड़ते, फ़ातिमा अपने बच्चों को इकट्ठा करती, शास्त्र खोलती और ज़ोर से पढ़ती। वे व्यवस्थाविवरण 28 का पाठ करते—खासकर श्लोक 4 का। यहाँ तक कि जब रोटी खत्म हो जाती या स्कूल की फ़ीस पहाड़ की तरह बढ़ जाती, तब भी वह जीवन की बातें करती:
"तुम धन्य हो। तुम अनाथ नहीं हो—तुम ईश्वर की हो।"

वह स्थानीय कियोस्क पर हाथ से बने स्कार्फ बेचती थी। कुछ दिन तो वे सिर्फ़ दाल और चावल खाने लायक ही बना पाती थीं। दूसरे दिन वह उपवास रखती और बच्चों को खाना खिलाती। लेकिन फ़ातिमा के घर में पूजा-पाठ या प्रार्थना की कमी कभी नहीं रही।

जैसे-जैसे साल बीतते गए, उनके सबसे बड़े बेटे यूसुफ को काहिरा में चिकित्सा की पढ़ाई करने के लिए पूरी छात्रवृत्ति मिली। उनका दूसरा बेटा कॉप्टिक ईसाई चर्च में युवा पादरी बन गया। उनकी बेटी अमीरा अपने जिले की पहली महिला बनीं जो सिविल इंजीनियर बनीं। सबसे छोटी बेटी रामी ने धर्मशास्त्र पढ़ाना शुरू किया और आखिरकार एल-मिन्या के रेगिस्तानी इलाके में चर्च स्थापित किए।

चारों बच्चे बड़े होकर अपने समुदायों को आशीर्वाद देने लगे—लोगों की जान बचाना, गरीबों को शिक्षित करना, अनाथों को मार्गदर्शन देना और सुसमाचार का प्रचार करना। जिस छोटे से घर में वे पले-बढ़े, वह शिष्यत्व और मध्यस्थता का केंद्र बन गया। लोग आज भी प्रोत्साहन के लिए वहाँ आते हैं और इसे *"विधवा का कुआँ" कहते हैं।*

फ़ातिमा, जो अब सत्तर साल की हो चुकी हैं, अभी भी शुक्रवार को पड़ोस के बच्चों को इकट्ठा करके उन्हें बाइबल पढ़ाती हैं। जब उनसे उनके बच्चों की सफलता का राज़ पूछा गया, तो उन्होंने शांत आत्मविश्वास के साथ मुस्कुराते हुए कहा:

"मैंने वचन का पालन किया। मैंने उन्हें इससे आशीर्वाद दिया। मैंने हमारी परिस्थितियों से ज़्यादा इस पर विश्वास किया। और यहोवा? वह कभी असफल नहीं होता।"

घोषणा : मेरे बच्चे और उनके बच्चे धन्य हैं। मैं अपने वंश में विश्वास के बीज बोता हूँ।

प्रार्थना : हे प्रभु, मेरे परिवार को आशीर्वाद दें। आज्ञाकारिता पीढ़ियों तक गूंजती रहे।

कार्यवाही चरण : अपने बच्चों या आध्यात्मिक बेटे/बेटियों के लिए आशीर्वाद की प्रार्थना लिखें।

दिन 5: प्रावधान का आशीर्वाद

"...तेरी टोकरी और तेरा आटा दोनों धन्य रहेंगे।" – *व्यवस्थाविवरण 28:5 ए.एम.पी.*

मेक्सिको की कहानी – ब्रेड बेकर का चमत्कार

मेक्सिको के ओक्साका के मध्य में, एलेना एक छोटी सी पारिवारिक बेकरी चलाती थी जो तीन पीढ़ियों से चली आ रही थी। उसकी सुबह भोर से पहले शुरू होती थी, मोमबत्ती की रोशनी में आटा गूंथते हुए अपने अबुएला द्वारा सिखाए गए भजन गुनगुनाती थी। ताज़ी बेक की गई बोलिलो और पैन डुल्स की खुशबू पड़ोस में खुशी लाती थी - जब तक कि बढ़ती मुद्रास्फीति और आपूर्ति की कमी ने उसके छोटे व्यवसाय को रोकना शुरू नहीं कर दिया।

आटे की कीमत दोगुनी हो गई। मक्खन एक विलासिता बन गया। बिजली की लागत आसमान छू गई। एक-एक करके, अन्य स्थानीय दुकानें बंद हो गईं। उसके एकाउंटेंट ने उसे चेतावनी दी: *"लागत कम करो, मात्रा कम करो, सस्ती सामग्री का उपयोग करो - या बंद करो।"*

लेकिन ऐलेना का जवाब अलग था। वह घर गई, अपनी घिसी-पिटी बाइबल खोली, और उसकी नज़र व्यवस्थाविवरण 28:5 पर पड़ी। *"तेरी टोकरी और आटा गूंथने का कटोरा धन्य होगा।"* वह रो पड़ी।

उस रात उसने एक ऐसा निर्णय लिया जो तर्क से परे था: **वह तीन दिन तक उपवास रखेगी और चौथे दिन, बिना बिकी सारी रोटी गरीबों में बाँट देगी।** भले ही इसका मतलब डूबना ही क्यों न हो।

चौथे दिन, उसके चर्च के स्वयंसेवकों ने आश्रयगृहों, अनाथालयों और सड़क विक्रेताओं तक रोटियाँ पहुँचाने में मदद की। लोग उसकी उदारता से हैरान थे। एक बुज़ुर्ग महिला ने रोते हुए कहा, "अब कोई भी हमें गर्म रोटी नहीं देता - केवल बची हुई रोटी।"

अगले सप्ताह, कुछ परिवर्तन हुआ।

ओक्साका घूमने आए एक पर्यटक ब्लॉगर ने उसकी दुकान में घूमकर उसकी पेस्ट्री का स्वाद चखा और एक शानदार समीक्षा लिखी। यह वायरल हो गई। एक लोकप्रिय खाद्य पत्रिका ने इसे उठाया और जल्द ही एलेना की बेकरी एक गंतव्य बन गई। ऑर्डर आने लगे - स्थानीय कैफे, ऑनलाइन डिलीवरी और यहां तक कि निर्यात में भी रुचि। वह बारह पूर्णकालिक कर्मचारियों को काम पर रखने में सक्षम थी, जिसमें एकल माताएं और जोखिम में रहने वाले युवा शामिल थे।

लेकिन एलेना ने दान देना बंद नहीं किया। हर शुक्रवार को वह अभी भी आश्रय स्थलों में ताज़ी रोटी दान करती है। उसने **"पैन डे विडा"** (जीवन की रोटी) नामक एक स्थानीय भोजन कार्यक्रम भी शुरू किया, जिसके तहत वह हर हफ़्ते 300 से ज़्यादा लोगों को खाना खिलाती है।

आज, जब उनसे पूछा गया कि जब अन्य कई बेकरियां असफल हो गईं, तो उनकी बेकरी कैसे बची रही, तो उन्होंने बस मुस्कुराते हुए कहा:

"मैंने आटे को नहीं पकड़ा - मैंने आज्ञा का पालन किया। भगवान ने कटोरे को बार-बार भरा।"

घोषणा : मेरा प्रावधान धन्य है। मुझे किसी चीज़ की कमी नहीं है क्योंकि मैं यहोवा पर भरोसा करता हूँ।

प्रार्थना : हे प्रभु, मेरे हाथों के काम को आशीर्वाद दें। जब मैं आपका आदर करता हूँ तो मेरे संसाधन बढ़ते जाएँ।

कार्यवाही चरण : इस सप्ताह अपने स्टोर से कुछ चीजें - भोजन, धन या कौशल - किसी जरूरतमंद के साथ साझा करें।

दिन 6: उपस्थिति का आशीर्वाद

“तू धन्य होगा जब तू भीतर आएगा और धन्य होगा जब तू बाहर जाएगा।” – *व्यवस्थाविवरण 28:6 NLT*

दक्षिण अफ्रीका की कहानी – टैक्सी ड्राइवर जिसने प्रार्थना की

थाबो सिर्फ़ अपनी ड्राइविंग के लिए ही नहीं बल्कि अपनी गहरी, अटूट आस्था के लिए भी जाने जाते थे। हर दिन सूर्योदय से पहले, जोहान्सबर्ग के बाहर सोवेटो की बस्ती में, वह अपनी पुरानी टोयोटा हाईएस मिनीबस टैक्सी के पास घुटने टेकते, हुड पर हाथ रखते और भजन 91 और व्यवस्थाविवरण 28:6 को ज़ोर से पढ़ते:

"हे प्रभु, इस वाहन को आशीर्वाद दें जब यह बाहर जाए और जब यह अंदर आए। हर कोई जो अंदर आए, उसे आपकी शांति का अनुभव हो। मुझे हर तीर से बचाएँ, चाहे वह दिखाई दे या न आए।"

जोहान्सबर्ग के इनर-सिटी टैक्सी रूट पर गाड़ी चलाना दिल के कमज़ोर लोगों के लिए नहीं था। सड़क पर गुस्सा, अपहरण और गिरोहों के बीच लड़ाई रोज़ की हकीकत थी। फिर भी थाबो ने डर में जीने से इनकार कर दिया। वह हर सुबह अपने स्टीयरिंग व्हील पर तेल लगाता था और अपने रूट के दौरान धीरे-धीरे पूजा का संगीत बजाता रहता था। कुछ यात्रियों ने उसका मज़ाक उड़ाया; दूसरों को अप्रत्याशित आराम मिला और उन्होंने उसकी टैक्सी को *"द जीसस वैन" कहना शुरू कर दिया।*

एक दिन, सब कुछ बदल गया।

हिलब्रो में एक नियमित स्टॉप पर रुका था, तभी चमड़े की जैकेट पहने एक आदमी आगे की सीट पर चढ़ गया। उसकी आँखों में कुछ गड़बड़ थी। जैसे ही यात्री बैठे, उस आदमी ने अचानक बंदूक निकाली और चिल्लाया, "सब लोग नीचे उतर जाओ!"

लोग चिल्लाने लगे। थाबो ने सहजता से फुसफुसाते हुए कहा, *"यीशु..."* और स्टीयरिंग व्हील को पकड़ लिया। लेकिन फिर, जितनी जल्दी अराजकता शुरू हुई, उतनी ही जल्दी यह बंद हो गई।

आदमी का चेहरा उलझन में बदल गया। उसने चारों ओर देखा, हथियार को फर्श पर फेंक दिया और टैक्सी से बाहर निकल गया। कुछ ही क्षणों बाद, अचंभित लेकिन सुरक्षित यात्री उठने लगे।

उस दिन बाद में, थाबो को एक स्थानीय पादरी का फ़ोन आया जिसने आश्रय गृह में उस व्यक्ति से बात की थी। अपहरणकर्ता ने पादरी से कहा, *"जब मैंने उस ड्राइवर को लूटने की कोशिश की, तो मैंने पूरी टैक्सी को आग से घिरा हुआ देखा - असली आग। इससे मेरी आँखें बंद हो गईं। मैं भाग गया।"*

थाबो फूट-फूट कर रोने लगा। उसे पता था कि यह क्या था। यह सिर्फ़ सुरक्षा नहीं थी - यह यहोवा की **उपस्थिति थी** जो हर बार उसके साथ रहती थी जब वह अंदर आता और बाहर जाता था।

तब से, वह अपने ड्राइवर की सीट से बाइबल अध्ययन का नेतृत्व कर रहे हैं। उनकी टैक्सी एक चलती-फिरती शरणस्थली बन गई है। कुछ यात्री अब वहाँ की शांति का आनंद लेने के लिए अतिरिक्त स्टॉप तक यात्रा करते हैं।

घोषणा : मैं अंदर आते-जाते धन्य महसूस करता हूँ। परमेश्वर की उपस्थिति मेरा आवरण है।

प्रार्थना : हे पिता, मेरे आगे-पीछे चलो। मेरी हर हरकत को पवित्र और सुरक्षित बनाओ।

कार्यवाही चरण : अपने द्वार या वाहन का अभिषेक करें और अपने दैनिक मार्गों पर आशीर्वाद की घोषणा करें।

दिन 7: विजय का आशीर्वाद

"यहोवा तेरे शत्रुओं को जो तेरे विरुद्ध उठेंगे, तेरे साम्हने पराजित करेगा..." – *व्यवस्थाविवरण 28:7 ए.एम.पी.*

फिलीपींस की कहानी – एक जेल गार्ड का विश्वास

माटेओ ने सेबू में एक उच्च सुरक्षा वाली जेल में एक दशक से अधिक समय तक जेल प्रहरी के रूप में ईमानदारी से काम किया था। अपने अनुशासन, शांत व्यवहार और गहरी ईसाई आस्था के लिए जाने जाने वाले, वह अक्सर कैदियों के लिए प्रार्थना करते थे, साक्षरता कार्यक्रमों में मदद करते थे और यहां तक कि मांगने वालों के लिए बाइबल भी लाते थे। लेकिन उनकी ईमानदारी ईर्ष्या पैदा करती थी।

एक सुबह, उसे वार्डन के दफ़्तर में बुलाया गया - उस पर एक कुख्यात गिरोह को तस्करी में मदद करने की साजिश रचने का आरोप था। माटेओ दंग रह गया। सबूत लगाए गए थे: उसके लॉकर में सेल फ़ोन और अवैध पदार्थों से भरा एक बैग छिपा हुआ था।

उनके विरोध और स्वच्छ रिकॉर्ड के बावजूद, उन्हें तत्काल निलंबित कर दिया गया, गिरफ्तार कर लिया गया और उसी जेल में डाल दिया गया जहां वे सजा काट रहे थे।

शर्मिंदा, टूटा हुआ और डरा हुआ, माटेओ को व्यवस्थाविवरण 28:7 याद आया। वह अपने कमरे में रोया और फुसफुसाया, *"प्रभु, मैंने कुछ भी गलत नहीं किया। यह अन्याय है - लेकिन अगर आपने इसे अनुमति दी है, तो इससे जीत हासिल करें।"*

कटुता से ग्रसित होने के बजाय, माटेओ ने वही करना शुरू कर दिया जो वह हमेशा करता था—सेवा करना। वह हर सुबह कैदियों को इकट्ठा करता और बाइबल की कहानियाँ, प्रार्थनाएँ और आराधना गीत सुनाता। जल्द ही जेल में उम्मीद की किरणें गूंजने लगीं। गिरोह के नेताओं ने अपना जीवन मसीह को समर्पित कर दिया। गार्ड और कैदी बाइबल अध्ययन के लिए एक साथ बैठने लगे। यहाँ तक कि जेल निदेशक भी चुपचाप सीसीटीवी के ज़रिए विस्मय में देखता रहा।

करीब 11 महीने बाद एक गुमनाम सूचना मिली- एक मुखबिर ने जेल सुधार के खिलाफ राजनीतिक साजिश के तहत माटेओ को फंसाने की बात कबूल की। दो सप्ताह के भीतर ही मामले को खारिज कर दिया गया। माटेओ को सभी आरोपों से मुक्त कर दिया गया।

लेकिन भगवान ने अभी काम पूरा नहीं किया था।

महीनों बाद, न्याय विभाग ने उसे एक नया पद दिया: **अपने क्षेत्र की सभी सुधार सुविधाओं का मुख्य पादरी।** एक बार गलत तरीके से कैद किया गया व्यक्ति अब गार्ड और कैदियों दोनों की देखभाल कर रहा था।

माटेओ अब जेलों में यात्रा करते हुए एक सरल संदेश का प्रचार करते हैं: *"आज्ञाकारिता के लिए तुम्हें कुछ कीमत चुकानी पड़ सकती है— परन्तु विजय यहोवा की है।"*

घोषणा : मेरे विरुद्ध उठने वाला हर शत्रु यहोवा के सामने गिर जाएगा। मैं विजय की ओर चलता हूँ।

प्रार्थना : हे प्रभु, मेरी लड़ाई लड़ो। जहाँ अन्याय बढ़ता है, वहाँ आज्ञाकारिता के माध्यम से सत्य की जीत हो।

कार्यवाही कदम : एक मौजूदा संघर्ष के बारे में लिखिए। उस पर विजय के परमेश्वर के वादे की घोषणा कीजिए।

दिन 8: राष्ट्रों के बीच अनुग्रह का आशीर्वाद

“यहोवा तुम्हें अपनी पवित्र प्रजा के रूप में स्थापित करेगा... तब संसार की सारी जातियाँ यह देख लेंगी कि तुम यहोवा की प्रजा हो, और वे तुम्हारा भय मानेंगे।” – *व्यवस्थाविवरण 28:9–10 NLT*

सिंगापुर की कहानी – एक राजनयिक का प्रभाव

मार्कस लिम ने कभी खुद को वैश्विक मंच पर नहीं देखा था। एक मामूली चर्च के बुजुर्ग और एक स्कूल शिक्षक के बेटे, उनका पालन-पोषण सिंगापुर के बुकिट पंजांग में एक साधारण फ्लैट में हुआ था। छोटी उम्र से ही, मार्कस का झुकाव शास्त्र और नेतृत्व की ओर था। 17 साल की उम्र में, उन्होंने एक साहसी प्रार्थना करना शुरू कर दिया: *"हे परमेश्वर, मुझे वहाँ स्थापित करो जहाँ मैं राष्ट्रों के बीच आपकी महिमा ला सकूँ।"*

राजनीति विज्ञान में अपनी पढ़ाई पूरी करने के बाद, मार्कस सिंगापुर के विदेश मंत्रालय में शामिल हो गए। पहले, वे केवल एक नीति शोधकर्ता थे। लेकिन अगले दशक में, अप्रत्याशित घटनाओं की एक श्रृंखला - समय से पहले सेवानिवृत्ति, राजनयिक बदलाव और शानदार मूल्यांकन - ने उन्हें एक प्रमुख दक्षिण पूर्व एशियाई देश में **उप राजदूत के रूप में नियुक्त किया, और बाद में संयुक्त राष्ट्र में** ।

उनका उत्थान इतना तेज़ और असंभव प्रतीत हुआ कि सेवकाई में कई लोगों ने इसे *“ईश्वरीय आयोजन” कहा।*

लेकिन मार्कस को जो चीज अलग बनाती थी, वह सिर्फ उसकी तीव्र प्रगति नहीं थी - बल्कि उसकी **कट्टर आज्ञाकारिता थी** ।

हर मीटिंग में, मार्कस अपना मुंह खोलने से पहले चुपचाप प्रार्थना करते थे। उन्होंने उपहार या रिश्वत लेने से इनकार कर दिया, भले ही इसका मतलब महत्वपूर्ण समझौतों में देरी करना हो। एक उच्च-दांव वार्ता में, उन्होंने पाँच मिनट के लिए बातचीत रोकने के लिए कहा, शौचालय गए और प्रार्थना की। जब वे वापस लौटे, तो उन्होंने एक तीसरा विकल्प प्रस्तावित किया जिसने तीन साल के गतिरोध को हल किया। राजनयिक दंग रह गए। उनके अपने प्रतिनिधिमंडल ने पूछा, "आप इस पर कैसे आए?"

वह बस मुस्कुराया और बोला, *"बुद्धि मेरी नहीं है - यह यहोवा से आती है।"*

मार्कस की आस्था और नैतिक दिशा ने चीन, अमेरिका, यूरोपीय संघ और अफ्रीका के सहकर्मियों का सम्मान आकर्षित किया। बाद में एक संयुक्त राष्ट्र अधिकारी ने निजी तौर पर कहा, "मार्कस के बारे में कुछ ऐसा है... ऐसा लगता है कि वह अपने साथ स्वर्ग का भार लेकर चल रहा है।"

कई साल बाद, मार्कस **सिंगापुर के सबसे कम उम्र के राजदूत बन गए** , जो सार्वजनिक सेवा और अंतरराष्ट्रीय शांति निर्माण में भावी नेताओं को सलाह दे रहे थे। उन्होंने विकासशील देशों में नैतिक शासन प्रशिक्षण लाने के लिए एक पहल शुरू की, जिसमें उन्होंने हमेशा पवित्रशास्त्र से सीखे गए मूल्यों की ओर इशारा किया।

जब उनसे उनके प्रभाव के बारे में पूछा गया तो उन्होंने अक्सर व्यवस्थाविवरण 28 का हवाला दिया:

"प्रभु ने मुझे सिर्फ़ अनुग्रह ही नहीं दिया। उन्होंने मुझे स्थापित किया ताकि दुनिया जान सके कि मैं उनका हूँ।"

घोषणा : मैं ईश्वरीय प्रतिष्ठा में चलता हूँ। यहोवा की कृपा मुझे प्रभावशाली पदों पर रखती है।

प्रार्थना : हे पिता, अपनी उपस्थिति से मुझे चिह्नित करें। मेरी आज्ञाकारिता के माध्यम से दुनिया आपकी महिमा को देख सके।

कार्यवाही कदम : आज अपने देश के नेताओं के लिए प्रार्थना करें और परमेश्वर से प्रार्थना करें कि वह आपको समाज को आकार देने में उपयोग करें।

दिन 9: समृद्धि का आशीर्वाद

"यहोवा तुम्हें उस देश में बहुतायत की समृद्धि देगा, जिसे देने की शपथ उसने तुम्हारे पूर्वजों से खाई थी।" – *व्यवस्थाविवरण 28:11 ए.एम.पी.*

रवांडा की कहानी – एक नरसंहार पीड़ित का उत्थान

एस्तेर सिर्फ़ 17 साल की थी जब रवांडा नरसंहार ने उसकी दुनिया को तहस-नहस कर दिया। वह असहाय होकर देखती रही कि हिंसा ने उसके माता-पिता, भाई-बहनों और पड़ोसियों को कैसे मार डाला। महीनों तक वह खेतों में छिपकर और बारिश का पानी पीकर ज़िंदा

रही। जब युद्ध समाप्त हुआ, तो वह अपने घर लौट आई - अब मलबे, कालिख और सन्नाटे में।

बिना परिवार, बिना संपत्ति और बिना दिशा-निर्देश के, एस्तेर एक चर्च में भटक गई जिसे आघात उपचार के स्थान के रूप में फिर से खोला गया था। वहाँ, एक बुज़ुर्ग मिशनरी ने यशायाह 61 और व्यवस्थाविवरण 28 से पढ़ा: *"प्रभु तुम्हें भरपूर समृद्धि देगा... और राख के बदले सुंदरता देगा।"* एस्तेर ने उस आयत को जीवन रेखा की तरह थामे रखा।

साल बीत गए। एस्तेर ने अजीबोगरीब काम किए और साझा घरों में रहने लगी। एक दिन, रसोई साफ करते समय, उसने देखा कि कितना बचा हुआ खाना पकाने का तेल फेंक दिया जाता है। एक विचार आया। एक टूटी-फूटी नोटबुक और जिज्ञासा के अलावा कुछ नहीं लेकर, उसने रिसाइकिल किए गए तेल का उपयोग करके साबुन बनाने पर शोध करना शुरू कर दिया।

उसने छोटी-छोटी चीजों से शुरुआत की- एक बाल्टी, एक स्टोव, एक बार। वह हर बैच के लिए प्रार्थना करती थी, अपनी छोटी-सी कमाई से दसवां हिस्सा देती थी, और हर दिन कहती थी: *"हे प्रभु, मुझे समृद्धि प्रदान करो- आराम के लिए नहीं, बल्कि जीवन को फिर से बनाने के लिए।"*

साबुन कारगर साबित हुआ। पड़ोसियों को यह बहुत पसंद आया। स्थानीय विक्रेताओं ने इसे मांगना शुरू कर दिया। जल्द ही, एस्तेर विधवाओं और पीड़ितों को अपनी मदद के लिए प्रशिक्षित करने लगी। उसने अपना ब्रांड पंजीकृत कराया: **इम्बुटो युबुगिंगो** - *" जीवन का बीज।"*

कुछ ही सालों में एस्तेर के इको-सोप व्यवसाय ने राष्ट्रीय स्तर पर ध्यान आकर्षित किया। एनजीओ और होटल थोक में ऑर्डर देने लगे। उसने पाँच प्रांतों में विस्तार किया और 200 से ज़्यादा लोगों को काम पर रखा - उनमें से कई नरसंहार से बचे हुए लोग थे। लेकिन वह यहीं नहीं रुकी।

अब उसके मुनाफे का एक हिस्सा **सुलह कार्यशालाओं को निधि देता है** , जिससे पूर्व शत्रुओं को क्षमा करने, पुनर्निर्माण करने और एक साथ पनपने में मदद मिलती है। उसकी कहानी अंतरराष्ट्रीय विकास मंचों पर दिखाई गई है, और उससे अक्सर पूछा जाता है, *"आप कुछ भी नहीं होने से कैसे उठे?"*

उसका उत्तर हमेशा एक ही होता है:

"परमेश्वर ने अपना वचन निभाया। मैंने उसे अपनी राख दे दी - उसने मुझे समृद्धि दी जो दूसरों को चंगा करती है।"

घोषणा : मुझे जीवन बदलने के लिए समृद्धि का आशीर्वाद मिला है। यहोवा टूटेपन से सुंदरता लाता है।

प्रार्थना : हे प्रभु, मुझे न केवल मेरे लिए, बल्कि आपके राज्य के प्रभाव के लिए भी समृद्ध बनाइये।

कार्यवाही चरण : समीक्षा करें कि आपकी आय का उपयोग कैसे किया जा रहा है। पूछें: "मैं इसे प्रभाव में कैसे बदल सकता हूँ?"

दिन 10: खुले आकाश का आशीर्वाद

"यहोवा अपने उत्तम दान के भण्डार आकाश को खोल देगा..." – *व्यवस्थाविवरण 28:12 NLT*

ऑस्ट्रेलिया से कहानी – वह किसान जिसने बारिश के लिए प्रार्थना की

डेविड मैकएलिस्टर क्वींसलैंड, ऑस्ट्रेलिया में तीसरी पीढ़ी के पशुपालक थे। 50 से ज़्यादा सालों तक, उनके परिवार ने उसी 2,000 एकड़ ज़मीन पर मवेशी पाल रखे थे - जिस ज़मीन को उनके दादा कभी *"भगवान का चरागाह" कहते थे।* लेकिन हाल के सालों में, वह ज़मीन धूल में बदल गई।

दशकों में सबसे भयंकर सूखे ने इस क्षेत्र को झुलसा दिया था। नदियाँ सूख गईं। कुएँ कीचड़ से भर गए। मवेशी भूखे मर रहे थे। दूर-दराज़ के इलाकों में किसानों ने अपना माल बेच दिया, खेत छोड़ दिए या बस निराश होकर चले गए। डेविड, जो एक शांत और आस्थावान व्यक्ति था, दिल टूट गया था।

उसने सब कुछ आजमाया—ड्रिप सिंचाई प्रणाली, फसल चक्र, चारा पूरक—लेकिन कुछ भी काम नहीं आया। उसका बैंक उस पर बेचने का दबाव बना रहा था। उस रात, शांत आकाश के नीचे अपने बरामदे पर बैठे, डेविड ने अपनी बाइबिल खोली और रोया। उसकी नज़र व्यवस्थाविवरण 28:12 पर पड़ी: *"यहोवा आकाश को खोलेगा, जो उसकी उदारता का भण्डार है..."*

"मुझे सिर्फ़ पानी की ज़रूरत नहीं है," उसने फुसफुसाते हुए कहा। "मुझे स्वर्ग के खुलने की ज़रूरत है।"

अगली सुबह, दाऊद ने एक साहसिक निर्णय लिया: वह तीन दिन तक उपवास करेगा। वह अपने प्रसव के कार्यक्रम रद्द कर देगा, शिकायत करना बंद कर देगा, और अपने दिल में कड़वाहट के लिए पश्चाताप करेगा। वह अपने टूटे हुए चरागाह के बीच में खड़ा था, अपनी बाहें उठाई, और व्यवस्थाविवरण 28 का पूरा अध्याय जोर से बोला - उसके चेहरे पर आँसू बह रहे थे।

फिर, वह इंतज़ार करने लगा.

चौथा दिन आया। सूरज हमेशा की तरह चमक रहा था। लेकिन दोपहर तक कुछ असामान्य हुआ- **बादल । हर जगह नहीं-सिर्फ डेविड के खेत के ठीक ऊपर। कुछ ही घंटों में, केवल उसकी संपत्ति पर ही** भारी बारिश होने लगी । पड़ोसी हैरान थे। मवेशियों ने पानी पी लिया। खेत हरे हो गए। नदियाँ फिर से बहने लगीं।

स्थानीय समाचार स्टेशनों ने ड्रोन उड़ाए। एक हेलीकॉप्टर कैमरे ने मौसम विज्ञानियों द्वारा *"बिना किसी वैज्ञानिक स्पष्टीकरण के अति-स्थानीय बारिश की घटना" कहे जाने वाले दृश्य को कैद किया।* उन्होंने हवाई फुटेज दिखाए: डेविड की ज़मीन भीग गई। आस-पास की संपत्तियाँ - हड्डी की तरह सूखी।

जब टेलीविजन पर साक्षात्कार हुआ तो डेविड ने हंसते हुए कहा:

"स्वर्ग बंद नहीं है। यह बस आज्ञाकारिता का इंतज़ार करता है।"

जैसे ही खबर फैली, पूरे क्षेत्र से किसान प्रार्थना करने के लिए उसके खेत में आने लगे। कई लोगों ने अपना जीवन फिर से परमेश्वर को समर्पित कर दिया। डेविड ने अपने पुराने खलिहान में सुबह-सुबह प्रार्थना सभाएँ आयोजित करना शुरू कर दिया - कोई माइक्रोफोन नहीं, सिर्फ़ हताश दिल और खुली बाइबलें।

उनकी कहानी ने दूरदराज के किसानों के बीच एक आध्यात्मिक जागृति को प्रज्वलित किया, तथा सभी को याद दिलाया कि जब हृदय उनके वचन के साथ संरेखित होते हैं, तो यहोवा अभी भी प्राकृतिक और आध्यात्मिक दोनों तरह की वर्षा भेजता है।

घोषणा : मेरे लिए स्वर्ग खुला है। मेरी ज़मीन, मेरा कारोबार और मेरा परिवार आशीर्वाद से सराबोर है।

प्रार्थना : हे पिता, मेरे जीवन पर अपना भण्डार खोल दीजिए। मेरे विश्वास के द्वारा स्वर्ग पृथ्वी को छू ले।

कार्यवाही चरण : अपने जीवन के एक "सूखे" क्षेत्र को लिखें। इस सप्ताह उसके लिए खुले आसमान के लिए प्रार्थना करें।

दिन 11: पवित्र दिनचर्या में शक्ति

जर्मनी और पोलैंड

भूमिका फोकस: फैक्ट्री कर्मचारी, मैकेनिक और मैनुअल मजदूर

पवित्रशास्त्र: व्यवस्थाविवरण 28:13a

एएमपी: "यहोवा तुझे तेरी सन्तान, और पशुओं के वंश, और भूमि की उपज के द्वारा बहुत समृद्धि देगा, और उस देश में जिसे देने की शपथ यहोवा ने तेरे पूर्वजों से खाई थी, तुझे उसका मुखिया (नेता) बनाएगा, न कि पूंछ (अनुयायी); और तू केवल ऊपर ही रहेगा, और नीचे कभी न रहेगा।"

एनएलटी: "यहोवा तुम्हें उस देश में समृद्धि देगा जिसे देने की शपथ उसने तुम्हारे पूर्वजों से ली थी, और वह तुम्हें बहुत से बच्चे, बहुत से पशुधन और प्रचुर फसल का आशीर्वाद देगा यदि तुम इन आज्ञाओं को सुनोगे... यहोवा तुम्हें सिर बनाएगा, पूंछ नहीं, और तुम हमेशा शीर्ष पर रहोगे और कभी नीचे नहीं रहोगे।"

कहानी: "वह मैकेनिक जो ऊपर उठा"

टॉमस कोवाल्स्की उन सैकड़ों लोगों में से एक थे जो हर सुबह 6:00 बजे क्राकोव में ऑटो पार्ट्स फैक्ट्री में काम करते थे। मशीनें दहाड़ती थीं, फर्श दागदार थे, और दिनचर्या पीठ पर भारी और आत्मा पर कठोर थी।

माध्यमिक विद्यालय के बाद उनके पास कोई औपचारिक शिक्षा नहीं थी, और वे कई उभरते इंजीनियरों की तरह धाराप्रवाह अंग्रेजी नहीं बोलते थे। दुनिया की नज़रों में, वे अदृश्य थे - बस तेल से सने हाथों की एक और जोड़ी जो बोल्ट कसती थी।

लेकिन टॉमस के पास कुछ दुर्लभ चीजें थीं: **विश्वास और आज्ञाकारिता**।

हर सुबह अपनी शिफ्ट शुरू होने से पहले, टॉमस चुपचाप अपने लॉकर के पास बैठता और एक छोटी, पुरानी बाइबिल खोलता। वह ज़ोर से व्यवस्थाविवरण 28 पढ़ता—खासकर श्लोक 13। फिर, एक कोने में जहाँ फोर्कलिफ्ट नहीं पहुँच सकते थे, वह फुसफुसाता:
"हे प्रभु, मुझे सिर बनाओ, पूंछ नहीं। मेरे हाथों को समृद्ध बनाना सिखाओ। जहाँ मेरी कोई योग्यता नहीं है, वहाँ मुझे अनुग्रह प्रदान करो। अपनी उत्कृष्टता मुझ पर बनी रहे।"

जबकि कई सहकर्मी काम में ढिलाई बरतते थे, बीमारी का बहाना बनाते थे या बॉस को कोसते थे, टॉमाज़ इसके विपरीत काम करते थे। वे सटीकता से काम करते थे, बिना पूछे ही अपना काम पूरा कर लेते थे, नए कर्मचारियों को एडजस्ट करने में मदद करते थे और कार्यस्थल पर होने वाली गपशप या भ्रष्टाचार में शामिल होने से इनकार कर देते थे।

एक दिन, एक महत्वपूर्ण मशीन खराब हो गई - एक जटिल रोबोटिक हाथ जिस पर फैक्ट्री असेंबली के लिए निर्भर थी। वरिष्ठ तकनीशियनों ने हर संभव कोशिश की लेकिन समस्या का समाधान नहीं कर सके। उत्पादन रुक गया। तनाव बढ़ गया। टॉमस, जो दूर से देख रहा था, चुपचाप आगे बढ़ा और पूछा, "क्या मैं कोशिश कर सकता हूँ?"

फोरमैन ने हताश होकर सिर हिलाया। तीस मिनट से भी कम समय में टॉमस ने सेंसर में मामूली गड़बड़ी देखी जिसे किसी और ने नहीं देखा था। मशीन रीबूट हुई और लाइन फिर से चालू हो गई।

फैक्ट्री मालिक ने इस पर ध्यान दिया।

अगले दो वर्षों में, टॉमस को पदोन्नत किया गया - पहले मुख्य तकनीशियन, फिर सहायक फ़्लोर सुपरवाइज़र और अंततः तकनीकी संचालन प्रमुख के पद पर। उन्होंने प्रशिक्षण के लिए जर्मनी और जापान की यात्रा की और अब पूर्वी यूरोप में चार संयंत्रों की देखरेख करते हैं। वह व्यक्ति जो कभी ब्रेक पैड बदलता था, अब इंजीनियरों को दक्षता और नैतिकता सिखाता है।

लेकिन टॉमाज़ कभी नहीं भूले कि इसकी शुरुआत कहां से हुई थी। वह अक्सर अपनी टीम से कहते हैं:

"मुझे किसी मनुष्य द्वारा पदोन्नत नहीं किया गया - मुझे एक वाचा द्वारा ऊंचा किया गया। जब आप निचले स्थानों में परमेश्वर का सम्मान करते हैं, तो वह आपको ऊंचे स्थानों पर उठाएगा।"

आज, वह व्यावसायिक छात्रों के लिए छात्रवृत्ति का वित्तपोषण करते हैं, अनाथालयों का समर्थन करते हैं, और हर सोमवार को प्लांट में सुबह की प्रार्थना का नेतृत्व करते हैं। उनके लॉकर में अभी भी वही पुरानी बाइबिल रखी हुई है - और उनके सहकर्मी अब उन्हें *"प्लांट का पादरी" कहते हैं।*

भक्तिपूर्ण अंतर्दृष्टि

दिनचर्या में पुनर्जीवन लाया जा सकता है। जब प्रेम और आज्ञाकारिता के साथ किया जाता है, तो "साधारण" भूमिकाएँ दिव्य समृद्धि की वेदियाँ बन जाती हैं। उत्कृष्टता का मतलब प्रशंसा नहीं है। यह संरेखण के बारे में है। जब आप यहोवा के सिद्धांतों के तहत काम करते हैं, तो आपकी पदोन्नति को रोका नहीं जा सकता।

प्रार्थना

यहोवा, शांत काम को आशीर्वाद दें। जिन लोगों की मैं सेवा करता हूँ, उनमें मेरा प्यार बढ़ाएँ। मेरी रसोई, नर्सरी और घर को पुनरुत्थान के लिए आधार बनने दें, मुझे अदृश्य स्थानों से ऊपर उठाएँ। मेरे काम को मेरे शब्दों से ज़्यादा ज़ोर से बोलने दें। मुझे उन जगहों पर प्रमुख बनाएँ जो मुझे भूल गए हैं। याहशुआ के नाम पर, आमीन।

दैनिक घोषणा

मेरा दैनिक कार्य ईश्वरीय है। यहोवा मेरी देखभाल को देखता है और आशीर्वाद देता है। मेरा घर पवित्र भूमि है। मैं सिर हूँ, पूंछ नहीं। यहाँ तक कि शोरगुल वाली फैक्टरियों या शांत कोनों में भी, यहोवा मुझे ऊपर उठाता है।

आज्ञाकारिता कार्रवाई कदम

आज यहोवा को एक घरेलू काम समर्पित करें। इसे खुशी-खुशी भेंट के रूप में करें । आज जल्दी उठें, मेहनती बनें, बेहतरीन काम करें। अपने काम को अपनी गवाही बनने दें।

जर्नल प्रॉम्प्ट

- यहोवा उस काम को किस तरह देखता है जिसे मैं कभी-कभी कम महत्व देता हूँ?
- एक छोटी सी पारिवारिक लय क्या है जिसे मैं और अधिक जानबूझकर बना सकता हूँ। मैंने पूंछ बनना कब स्वीकार किया है?
- आज मैं ऐसी कौन सी उत्कृष्टता ला सकता हूँ जिसे कोई नहीं देख पाता?

भूमिका फोकस: घर पर रहने वाले माता-पिता और परिवार की देखभाल करने वाले

पवित्रशास्त्र – व्यवस्थाविवरण 28:13b

"...यदि तुम अपने परमेश्वर यहोवा की आज्ञाओं को सुनोगे, तो तुम कभी नीचे नहीं रहोगे, वरन ऊपर ही रहोगे..." – *व्यवस्थाविवरण 28:13b AMP*

जर्मनी से कहानी – "गुप्त स्थान में अनुग्रह"

अन्ना श्मिट ने कभी संघीय न्यायाधीश बनने का सपना देखा था। बर्लिन में अपनी कानून की कक्षा में शीर्ष स्थान प्राप्त करने के बाद, वह पहले से ही प्रतिष्ठित फर्मों की नज़र में थी। लेकिन अपने पहले बच्चे के जन्म के कुछ ही महीनों बाद, उसके दिल में कुछ गहरा बदलाव आया। अदालत की महत्वाकांक्षा एक अलग तरह के आह्वान से ढक गई - अपने बच्चों को उद्देश्य, प्रार्थना और उपस्थिति के साथ बड़ा करना।

उसने कोर्ट ब्रीफ के बदले बेबी बॉटल, कॉर्पोरेट मीटिंग के बदले बाइबल की कहानियाँ, और डायपर बदलने, भोजन तैयार करने और घर पर मूल्यों को सिखाने के लिए कानूनी रणनीति अपनाई। दोस्तों और पूर्व सहपाठियों को आश्चर्य हुआ - और कुछ को उस पर दया आ गई। वे कहते थे, "वह सारी प्रतिभा, रसोई में बर्बाद हो गई।"

अन्ना भी कभी-कभी यही सोचती थी।

रातों की नींद हराम करने और कपड़े धोने, पाठ की योजना बनाने और घायल घुटनों पर प्रार्थना करने से भरे लंबे दिनों के दौरान, वह अक्सर फुसफुसाती थी:
"भगवान, क्या इससे कोई फर्क पड़ता है? क्या मैं सिर हो सकती हूँ और पूंछ नहीं, जब कोई नहीं देखता कि मैं क्या करती हूँ?"

लेकिन अन्ना ने नाराज़गी में चलने से इनकार कर दिया। इसके बजाय, उसने घर के आसपास पूजा और शास्त्र की दैनिक लय बनाई। हर सुबह, उसके बच्चे व्यवस्थाविवरण 28:13 को ज़ोर से पढ़ते थे। उसने उन्हें सिखाया कि नेता होने का मतलब हमेशा दिखाई देना नहीं होता - इसका मतलब है वफ़ादार होना।

एक दोपहर, लॉ स्कूल की एक पुरानी दोस्त मिलने आई। अब एक सफल कॉर्पोरेट वकील और दो बच्चों की माँ, वह दोस्त अन्ना के घर में अराजकता की उम्मीद में घुसी थी - लेकिन इसके बजाय उसे शांति मिली।

बच्चों ने मुस्कुराहट और पवित्र शास्त्र के साथ उनका स्वागत किया। पृष्ठभूमि में आराधना संगीत गूंज रहा था। माहौल शांत, सुरक्षित और आनंदमय था।

“तुम यहाँ कुछ ऐसा कर रहे हो जो मैंने पहले कभी नहीं देखा,” दोस्त ने आँखों में आँसू भरकर कहा। “मेरा घर युद्ध क्षेत्र है।”

उस शाम, वह मित्र वापस गई और वर्षों में पहली बार सोने से पहले अपने बच्चों के लिए प्रार्थना करने लगी।

कुछ सप्ताह बाद, तीन और माताएँ अन्ना के साथ प्रार्थना ब्रंच में शामिल हुईं। उन्होंने पवित्रशास्त्र पर चर्चा करना शुरू किया, ईश्वरीय पालन-पोषण के लिए रणनीतियों का आदान-प्रदान किया, और अपने सबसे गहरे डर और जीत को साझा किया।

जल्द ही, **माताओं का पुनरुत्थान** चुपचाप बढ़ने लगा - पहले बर्लिन में, फिर हैम्बर्ग में, और बाद में फ्रैंकफर्ट में। रसोई की मेज़ें वेदियाँ बन गईं। बच्चे साहसी प्रार्थना योद्धा बन गए। पति शाम की प्रार्थना में शामिल होने लगे।

अन्ना कभी भी कोर्ट रूम में वापस नहीं लौटीं। लेकिन आज, उनका प्रभाव **तीन जर्मन शहरों के घरों तक फैला हुआ है** । वह माताओं के लिए भक्ति गीत लिखती हैं, युवा पत्नियों को सलाह देती हैं , और पूरे यूरोप में पेरेंटिंग प्रार्थना समूहों को शुरू करने में मदद करती हैं।

वह अक्सर कहती हैं:

"परमेश्वर की उपस्थिति में परिवार का पालन-पोषण करना कोई दूसरी श्रेणी की सेवा नहीं है। यह छद्म रूप में राष्ट्र-निर्माण है।"

घोषणा : मैं नीचे नहीं हूँ। यहाँ तक कि छिपे हुए स्थानों में भी, यहोवा मुझे देखता है और मेरी आज्ञाकारिता का सम्मान करता है। मैं अंदर से बाहर की ओर नेतृत्व करता हूँ।

प्रार्थना : हे पिता, मुझे अपने घर को पवित्र भूमि के रूप में देखने में मदद करें। मेरे छिपे हुए काम को पीढ़ियों तक गूंजने दें। मुझे पुनरुत्थान का माध्यम बनाओ - यहीं जहाँ आपने मुझे रखा है।

कार्यवाही कदम : अपने घर पर व्यवस्थाविवरण 28:13 की घोषणा करने के लिए प्रतिदिन एक क्षण चुनें—नाश्ते से पहले, झपकी के समय, या सोते समय। आपकी वफ़ादारी राज्य की महानता बो रही है।

दिन 12: उसके हाथों में चंगाई

उत्तरी अमेरिका – कनाडा और मध्य पूर्व – संयुक्त अरब अमीरात

पवित्रशास्त्र: व्यवस्थाविवरण 28:12a13b

एएमपी: "प्रभु तुम्हारे लिए अपने उत्तम भण्डार अर्थात आकाश को खोल देगा, कि तुम्हारी भूमि पर समय पर वर्षा करे, और तुम्हारे सारे कामों पर आशीष दे। यदि तुम आज्ञाओं को ध्यान से सुनो और उन पर ध्यान दो... और उनका पालन करो।"

NLT: "प्रभु आकाश में अपने प्रचुर भण्डार से उचित समय पर वर्षा भेजेगा और तुम्हारे सारे कामों को आशीष देगा। जो आज्ञाएँ मैं आज तुम्हें दे रहा हूँ, उनमें से किसी से भी तुम मुँह न मोड़ना।"

भूमिका फोकस: कार्यालय कर्मचारी, व्यवस्थापक और सहायक कर्मचारी

पवित्रशास्त्र – व्यवस्थाविवरण 28:12 NLT

"प्रभु अपने स्वर्ग के भण्डार से उचित समय पर वर्षा करेंगे और तुम्हारे सारे कामों को आशीर्वाद देंगे। आज मैं तुम्हें जो आज्ञाएँ दे रहा हूँ, उनमें से किसी से भी तुम्हें विमुख नहीं होना चाहिए।"

संयुक्त अरब अमीरात से कहानी – "कॉपी क्लर्क से कॉर्पोरेट संपर्क तक"

आयशा खान दुबई में एक सूटकेस, वर्क परमिट और अपने कपड़ों के बीच एक बाइबिल के अलावा कुछ नहीं लेकर पहुंची थीं। पाकिस्तान के एक ग्रामीण गांव से आने वाली आयशा को शहर के वित्तीय जिले में एक बड़ी अंतरराष्ट्रीय लॉ फर्म में अस्थायी प्रशासनिक सहायक के तौर पर काम पर रखा गया था।

उसका काम बहुत छोटा और अदृश्य लगता था: वह कानूनी दस्तावेजों की फोटोकॉपी करती थी, फोन उठाती थी, कॉफी लाती थी, कागजी काम करती थी और देर रात तक चलने वाले सत्रों के बाद मीटिंग रूम साफ करती थी। उसका नाम शायद ही कभी ईमेल या आधिकारिक ज्ञापनों पर आता था।

लेकिन आयशा को काम की समझ अलग थी। हर सुबह, वह 30 मिनट पहले पहुँचती, चुपचाप दफ़्तर में घूमती और हर डेस्क पर अपना हाथ रखती—भागीदारों, पैरालीगल्स और यहाँ तक कि चौकीदारों के लिए फुसफुसाते हुए प्रार्थना करती। वह हर सुबह व्यवस्थाविवरण 28:12 को ऊँची आवाज़ में कहती:
"हे प्रभु, मेरे हाथों के काम को आशीर्वाद दें। इस दफ़्तर पर अपने मौसम में बारिश होने दें। जहाँ मैं लगा हूँ, वहाँ मुझे फलदायी बनाएँ।"

आयशा ने बहुतों की नज़रों से ओझल रहते हुए भी बेहतरीन काम किया। उसे वे विवरण याद थे जो दूसरों को याद नहीं थे। उसने खोई हुई फाइलें ढूँढ़ निकालीं। उसने IT के आने से पहले ही खराब प्रिंटर ठीक कर दिए। उसने खुशी-खुशी काम किया, तब भी जब उसके साथ उपेक्षापूर्ण व्यवहार किया गया।

एक शुक्रवार की सुबह, एक प्रमुख अंतरराष्ट्रीय ग्राहक अप्रत्याशित रूप से आ पहुंचा। रिसेप्शन टीम अनुपस्थित थी, और फ्रंट डेस्क पर केवल आयशा ही मौजूद थी।

उन्होंने गर्मजोशी से ग्राहक का स्वागत किया, उनके लिए चाय बनाई और प्रतीक्षा करते समय, उनके अनुबंध के बारे में एक प्रश्न का उत्तर दिया - जो उन्होंने पहले से जमा किए गए दस्तावेजों से लिया था और जिन्हें उन्होंने अनगिनत बार पढ़ा था।

ग्राहक प्रभावित हुआ। उसने पूछा, "आप कौन हैं?" आयशा मुस्कुराई, "बस कोई ऐसा व्यक्ति जो ध्यान देता है।"

उस दिन बाद में, वरिष्ठ भागीदार ने उसे बुलाया। "तुमने श्री डाल्टन से क्या कहा?" उसने पूछा। "उसने बस इतना अनुरोध किया कि *तुम* आगे चलकर उसकी फ़ाइल लॉजिस्टिक्स को व्यक्तिगत रूप से प्रबंधित करो।"

उस क्षण ने सब कुछ बदल दिया।

अगले साल, आयशा को पदोन्नत किया गया - पहले टीम सहायक के पद पर, फिर कानूनी पत्राचार अधिकारी के पद पर। तीसरे साल तक, वह एक **कॉर्पोरेट संपर्क अधिकारी बन गई** , क्लाइंट संबंधों का प्रबंधन और मिलियन-डॉलर खातों के लिए सीमा पार लेनदेन का आयोजन करना।

लेकिन उसकी प्रार्थना जीवन कभी नहीं बदला।

आज भी, आयशा सुबह जल्दी आती है - केवल अब, वह गगनचुंबी इमारत की कई मंजिलों पर ईसाई पेशेवरों के लिए एक शांत प्रार्थना

मंडली का नेतृत्व करती है। उसने दर्जनों युवा प्रशासनिक कर्मचारियों को उनकी कीमत पहचानने में मदद की है, उन्हें याद दिलाते हुए:

"ईश्वर आपके महान बनने का इंतज़ार नहीं करता। वह आपको वहीं आशीर्वाद देता है *जहाँ* आप सेवा करते हैं - अगर आप आज्ञाकारिता के साथ सेवा करते हैं।"

घोषणा : यहोवा मेरे हाथों के काम को आशीर्वाद देता है। कोई भी काम उसके अनुग्रह को आकर्षित करने के लिए छोटा नहीं है। वह मेरे मौसम में बारिश भेजता है।

प्रार्थना : हे पिता, मुझे हर काम में आपका आदर करना सिखाइए - चाहे वह प्रत्यक्ष हो या अदृश्य। मेरी मेहनत पर आपकी वर्षा हो ।

कार्यवाही कदम : आज काम पर जल्दी आएँ या पाँच मिनट ज़्यादा रुकें—अपने कार्यस्थल और सहकर्मियों के लिए मन ही मन प्रार्थना करें। अपने दफ़्तर में ईश्वर की वर्षा को आमंत्रित करें।

भक्तिपूर्ण अंतर्दृष्टि

जब आपका दिल एक हो तो आपके हाथ जो भी छूते हैं, वह धन्य हो सकता है। स्वर्ग की बारिश सिर्फ़ खेतों पर नहीं होती। यह अस्पताल के फर्श, एम्बुलेंस बे और क्लिनिक चार्ट पर भी गिरती है। क्यूबिकल को तुच्छ न समझें। यह आपका लॉन्च पैड हो सकता है। यहोवा उन लोगों का सम्मान करता है जो अदृश्य में वफ़ादार हैं।

प्रार्थना

यहोवा, मेरे हाथों के काम को आशीर्वाद दें। मेरे अंदर से उपचार प्रवाहित होने दें। हर कोड, कॉल और संकट को आपकी शक्ति से भर दें, मेरे दैनिक कार्यों को दिव्य अवसरों में बदल दें। मुझे थोड़े में भी वफ़ादार रहने दें ताकि आप मुझे और अधिक सौंप सकें। याहशुआ के नाम पर, आमीन।

दैनिक घोषणा

मेरे हाथ अभिषिक्त हैं। मेरा परिश्रम ढका हुआ है। मैं हर संकट में यहोवा की उपस्थिति को साथ लेकर चलता हूँ। मैं उत्कृष्टता के साथ सेवा करता हूँ। मैं सुनता हूँ और आज्ञा का पालन करता हूँ। मेरा कक्ष वाचा की सफलता के लिए एक मंच है।

आज्ञाकारिता कार्रवाई कदम

आज आप जिस किसी व्यक्ति का इलाज या सेवा करते हैं, उसके लिए प्रार्थना करें। खुले आसमान की अपेक्षा करें । आज एक छिपा हुआ कार्य चुनें और उसे असाधारण सावधानी से करें।

जर्नल प्रॉम्प्ट

- आज मैं यहोवा की चंगाई में कैसे भागीदार हो सकता हूँ?
- मैंने अपने कठिन दिनों में उनकी कृपा को कहाँ देखा है? मैं कौन सा दोहराए जाने वाला कार्य आराधना में बदल सकता हूँ?
- यहोवा पर्दे के पीछे से मुझे किस प्रकार आकार दे रहा है?

भूमिका फोकस: स्वास्थ्य कार्यकर्ता, नर्स और आपातकालीन प्रतिक्रियाकर्ता

पवित्रशास्त्र – व्यवस्थाविवरण 28:12 NLT

"प्रभु स्वर्ग में अपने प्रचुर भण्डार से उचित समय पर वर्षा भेजेंगे और आपके सारे कामों को आशीष देंगे..."

कनाडा से कहानी – "कोड ब्लू और ओपन हेवन्स"

डैनियल मेन्सा कई सप्ताह से लगातार काम कर रहे थे।

टोरंटो शहर में रहने वाले घाना में जन्मे ईआर नर्स ने एक महीने में इतना दुख देखा जितना कि ज़्यादातर लोग एक साल में नहीं देखते। कोविड ने एक बार फिर अस्पताल के हॉल में बाढ़ ला दी थी। बिस्तर कम पड़ गए थे। कर्मचारी थक चुके थे। और डर हवा में स्थिर की तरह मंडरा रहा था।

डैनियल को अपना काम पसंद था, लेकिन काम की मांगें बहुत ज़्यादा थीं। उसका शरीर दर्द कर रहा था। उसका दिमाग़ तेज़ी से चल रहा था। लेकिन इस अव्यवस्था में भी, डैनियल ने एक व्यक्तिगत लय बनाए रखी: **हर ब्रेक—भले ही सिर्फ़ 2 मिनट का—वह अपना बाइबल ऐप खोलता, एक श्लोक फुसफुसाता और अपनी यूनिट पर आशीर्वाद की घोषणा करता।**

उनका पसंदीदा? *"हे प्रभु, समय पर वर्षा कर। मेरे हाथों के कामों को आशीर्वाद दे।"* (व्यवस्थाविवरण 28:12)

एक ठंडी सर्दियों की रात में यह घटना घटी।

एक **कोड ब्लू** आया - एक बच्चे को हृदयाघात हुआ।

9 वर्षीय लड़की, एवा, एक अज्ञात एलर्जी प्रतिक्रिया के कारण अचानक श्वसन विफलता से गिर गई थी। आपातकालीन कक्ष की टीम तुरंत हरकत में आई। डैनियल भी उनके साथ शामिल हो गया, जल्दी से दस्ताने पहने और छाती को दबाना शुरू कर दिया। कमरे में तनाव था। मॉनीटरों ने अफरा-तफरी में बीप बजाई।

उसकी छाती को लयबद्ध तरीके से दबाते हुए, डैनियल ने चुपचाप कुछ किया: उसने **आत्मा में मन ही मन प्रार्थना की** , और यहोवा से इस नन्हीं सी बच्ची में पुनः सांस भरने के लिए कहा।

दो मिनट बाद, लाइन समतल हो गई। तीन मिनट बाद, चार मिनट बाद।

फिर अचानक - **एक नाड़ी.**

कमरे में आँधी चल रही थी। डॉक्टर खुशी से झूम उठे। डैनियल फुसफुसाया, *"धन्यवाद यहोवा।"*

बाद में, उपस्थित चिकित्सक ने टिप्पणी की, "ऐसा लग रहा था जैसे हमारे साथ कमरे में कोई और भी था।" डैनियल मुस्कुराया, "हाँ था।"

लेकिन कहानी यहीं ख़त्म नहीं हुई.

एवा के पिता - एक मुखर नास्तिक जिन्होंने सेवन के दौरान डेनियल की आस्था का मज़ाक उड़ाया था - उस रात बाद में वेंडिंग मशीन के पास चुपचाप खड़े रहे। उनकी आँखें लाल थीं।

"तुम... तुम प्रार्थना कर रहे थे, है न?" उसने कहा। "उसे मर जाना चाहिए था। लेकिन वह नहीं मरी।"

डैनियल ने सिर हिलाया.

कांपते हाथों से उस आदमी ने हाथ बढ़ाया। "क्या आप... क्या आप मेरे बाकी परिवार के लिए भी प्रार्थना कर सकते हैं?"

उस क्षण ने वर्षों की निराशा को चकनाचूर कर दिया।

स्टाफ़ में यह बात फैल गई। डैनियल के सहकर्मियों ने शिफ्ट से पहले प्रार्थना करने के लिए कहना शुरू कर दिया। कुछ लोग लंच ब्रेक के दौरान भजन पढ़ने के लिए उसके साथ शामिल हो गए। बाद में ICU की हेड नर्स ने उसे स्टाफ़ वेलनेस रिट्रीट में एक शास्त्र साझा करने के लिए कहा।

दानिय्येल कभी भी चर्च के मंच पर खड़ा नहीं हुआ था, उसने कभी भी किसी सेवकाई का नेतृत्व नहीं किया था - परन्तु वह यहोवा की उपस्थिति को आघात कक्षों, बंजर गलियारों, तथा आंसुओं से भीगे प्रतीक्षा क्षेत्रों में ले गया।

वह अक्सर कहते हैं:

"स्वर्ग रविवार का इंतज़ार नहीं करता। जहाँ भी आज्ञाकारिता और टूटन का सामना होता है, वहाँ यहोवा स्वर्ग खोल देता है।"

घोषणा : मैं हर उस जगह पर खुला आकाश लेकर जाता हूँ जहाँ मैं सेवा करता हूँ। यहोवा मेरे हाथों के काम को आशीर्वाद देता है, यहाँ तक कि अराजकता में भी।

प्रार्थना : हे प्रभु, मैं जिस भी वातावरण को छूता हूँ, उसमें उपचार, शांति और शक्ति की वर्षा करें। मुझे एक बर्तन के रूप में उपयोग करें - यहाँ तक कि आपात स्थितियों में भी।

कार्यवाही चरण : व्यवस्थाविवरण 28:12 को लिखें और इसे अपने काम के सामान, क्लिपबोर्ड या लॉकर पर कहीं रख दें। प्रत्येक शिफ्ट से पहले इसे फुसफुसाएँ। स्वर्ग को अपने हाथों से चलने दें।

दिन 13: आत्मा के चरवाहे

एशिया – फिलीपींस और दक्षिण अमेरिका – कोलंबिया

भूमिका फोकस: बेरोजगार स्नातक, छोटे चर्च और सामुदायिक बिल्डर

पवित्रशास्त्र: व्यवस्थाविवरण 28:12b

एएमपी: "तू बहुत सी जातियों को उधार देगा, परन्तु उधार न लेगा। जो वचन मैं आज तुझे सुनाता हूं, उन में से किसी से न तो दाहिनी ओर मुड़ना, न बाईं ओर।"

एनएलटी: "तुम बहुत सी जातियों को उधार दोगे, परन्तु कभी भी उनसे उधार लेने की आवश्यकता नहीं होगी; जो आज्ञाएं मैं आज तुम्हें दे रहा हूं, उनमें से किसी से मुंह मत मोड़ना... और न ही अन्य देवताओं की सेवा करना।"

पवित्रशास्त्र – व्यवस्थाविवरण 28:12–13 NLT

"तुम बहुत सी जातियों को उधार दोगे, परन्तु तुम्हें उनसे कभी उधार लेने की आवश्यकता नहीं पड़ेगी... यदि तुम इन आज्ञाओं को सुनोगे... और उनका सावधानीपूर्वक पालन करोगे, तो प्रभु तुम्हें सिर बनाएगा, पूंछ नहीं..."

कोलंबिया और फिलीपींस की कहानियाँ – "प्रतीक्षा करना लेकिन बर्बाद नहीं करना" और "द लेंडिंग चर्च"

मेडेलिन, कोलंबिया – *"प्रतीक्षा करें लेकिन बर्बाद न करें"*

मेडेलिन, कोलंबिया में मैटेओ जिमेनेज़ ने अपनी तकनीकी कक्षा में सर्वोच्च स्थान प्राप्त किया। उनके प्रोफेसर उनकी बुद्धिमत्ता की बहुत प्रशंसा करते थे, और सहपाठी अक्सर कहते थे कि उनका जन्म दुनिया को बदलने के लिए हुआ है। लेकिन स्नातक होने के बाद, दुनिया ने उन पर बिल्कुल भी ध्यान नहीं दिया।

महीने बीत गए.

आवेदन के बाद भी चुप्पी बनी रही। कोई कॉलबैक नहीं। कोई साक्षात्कार नहीं। उसका परिवार, जो कभी गर्वित था, अब चुपचाप उसकी प्रगति के बारे में पूछने से बचता रहा। निराशा कोहरे की तरह छा गई।

उसे **अदृश्य महसूस हुआ** .

फिर एक निमंत्रण आया—एक ऐसे भूमिगत तकनीकी समूह में शामिल होने का जो अपने कौशल का इस्तेमाल मुनाफ़े के लिए सिस्टम में घुसपैठ करने के लिए कर रहा था। पैसे का लालच था। उससे भी ज़्यादा लगाव। लेकिन कुछ ऐसा था जो उसे खींच रहा था।

माटेओ ने अपनी बाइबल खोली और पढ़ा:
"तुम बहुत-सी जातियों को उधार दोगे, लेकिन कभी उधार नहीं लोगे... बशर्ते तुम ध्यान से आज्ञा का पालन करो।"

ये शब्द उस पर गहरा असर कर गए।

उन्हें अपने बचपन के पादरी की शांत शिक्षाएं याद आईं - *" शॉर्टकट के पीछे मत भागो। अंत में आज्ञाकारिता की ही जीत होती है।"*

उस रात, माटेओ ने प्रस्ताव को अस्वीकार कर दिया। इसके बजाय, उन्होंने स्थानीय झुग्गी स्कूल में बुनियादी कंप्यूटर साक्षरता सिखाने के लिए स्वयंसेवा करना शुरू कर दिया। उनकी कक्षाओं में कोई प्रोजेक्टर नहीं था, कोई व्हाइटबोर्ड नहीं था - बस कुछ उधार लैपटॉप और एक बेंच थी। लेकिन हफ़्ते दर हफ़्ते, बच्चे आने लगे।

एक दिन एक शर्मीला लड़का अपने पिता को देखने के लिए लेकर आया। माटेओ की विनम्रता और कौशल से प्रभावित होकर उस व्यक्ति ने कुछ सवाल पूछे। पता चला कि वह युवा शिक्षा पर एक वरिष्ठ सरकारी सलाहकार था।

तीन सप्ताह बाद, माटेओ को एक पत्र मिला: **जिसमें एक राष्ट्रीय युवा तकनीक सशक्तिकरण केंद्र के निर्माण और निर्देशन का प्रस्ताव था** , जिसे पूरी तरह से कोलंबियाई सरकार द्वारा वित्तपोषित किया जाएगा।

आज, माटेओ एक राष्ट्रव्यापी कार्यक्रम का नेतृत्व करते हैं जो वंचित युवाओं को नैतिक कोडिंग और डिजिटल व्यवसाय में प्रशिक्षण देता है। उन्होंने कभी शॉर्टकट नहीं अपनाया - और अब वे एक पीढ़ी को ज्ञान, बुद्धि और मंच प्रदान करते हैं।

वह अक्सर कहते हैं:

“मैंने इंतज़ार किया। लेकिन आज्ञाकारिता में, मैंने कभी समय बरबाद नहीं किया।”

लुज़ोन पर्वत, फिलीपींस – *"द लेंडिंग चर्च"*

हजारों मील दूर, पादरी लिटो उत्तरी लूजोन के धुंध भरे पहाड़ों में बसे एक छोटे से चर्च की देखभाल करते थे। चर्च के पास कोई स्थायी इमारत नहीं थी। रविवार को केले के पेड़ों के नीचे प्रार्थना की जाती थी। उनकी भेंट की टोकरी में अक्सर **मुद्रा से ज़्यादा सब्जियाँ होती थीं।**

लेकिन पादरी लिटो का दृष्टिकोण था: *"हम इतने गरीब नहीं हैं कि दे सकें।"*

जबकि अन्य लोग आशीर्वाद पाने की प्रतीक्षा कर रहे थे, उनके चर्च ने **दान देना शुरू करने का निर्णय लिया** - विधवाओं के लिए जलाऊ लकड़ी काटना, प्रतिद्वंद्वी गांवों में चावल पहुंचाना, सार्वजनिक कुओं की सफाई करना, और निकटवर्ती शहरों में आपदा राहत के लिए स्वयंसेवा करना।

पहले तो लोगों ने उनका मज़ाक उड़ाया। "वे अपनी सेवाओं के लिए कुर्सियाँ भी नहीं खरीद सकते!"

लेकिन फिर कुछ बदलाव होने लगा।

समुदाय ने उनकी दयालुता को देखा। गवर्नर के कार्यालय ने उनके काम के बारे में सुना और कुर्सियाँ और टेंट दान किए। एक यात्रा करने वाले मिशनरी ने एक पूर्ण स्पीकर सिस्टम छोड़ा। चर्च की प्रतिष्ठा बढ़ी - एक जरूरतमंद के रूप में नहीं, बल्कि एक **उदार के रूप में** ।

लिटो अक्सर कहते हैं, "हम वह चर्च हैं जो आशा देता है, न कि वह जो दया उधार लेता है। "

ये दोनों कहानियाँ, यद्यपि महाद्वीपों से अलग हैं, लेकिन एक ही सूत्र साझा करती हैं: **अनदेखी के बावजूद आज्ञाकारिता। भुला दिए जाने पर भी वफ़ादारी। और संसाधनों की कमी होने पर भी उदारता।**

घोषणा : मैं दुनिया के शॉर्टकट से उधार नहीं लूंगा। यहोवा ने मुझे प्रकाश, आशा और प्रभाव का ऋणदाता बनाया है। मैं ऊपर हूँ, नीचे नहीं।

प्रार्थना : हे प्रभु, जब भी मैं अटका हुआ महसूस करता हूँ, मुझे याद दिलाइए कि आप में, मैं कभी भी समय बर्बाद नहीं कर रहा हूँ। मुझे विश्वास में बोना सिखाएँ - ताकि मैं दूसरों को जीवन दे सकूँ।

कार्यवाही कदम : इस सप्ताह देने का एक तरीका पहचानें—अपना समय, अपने कौशल, या प्रोत्साहन—खासकर यदि आप प्रतीक्षा के मौसम में हैं। आपकी आज्ञाकारिता भविष्य की फसल बो रही है।

भक्तिपूर्ण अंतर्दृष्टि

आध्यात्मिक नेतृत्व का मतलब हैसियत से नहीं है। इसका मतलब है प्रबन्धन। यहोवा आपको ज़्यादा देता है **ताकि आप ज़्यादा उधार दे सकें** , न कि इसलिए कि आप ज़्यादा संग्रह कर सकें। देरी का मतलब इनकार नहीं है। बदलाव का मतलब अनुपस्थिति नहीं है। यहोवा हमें ठहराव में प्रशिक्षित करता है। अगर आप स्थिर रहेंगे, तो आपका रास्ता खुल जाएगा।

प्रार्थना

यहोवा, मुझे सच्चाई, प्यार और आशा का ऋणदाता बनाओ। मुझे बिना प्रयास किए सेवा करने और बिना कराह के देने के लिए तैयार

करो । मुझे जल्दबाजी या विद्रोह न करने में मदद करो। इस विराम में मुझे उद्देश्य दिखाओ। आज्ञाकारिता मुझे तब तक स्थिर रखे जब तक कि दरवाजे न खुल जाएं। याहशुआ के नाम पर, आमीन।

दैनिक घोषणा

मैं अनुग्रह का उधार लेने वाला नहीं हूँ। मैं विश्वास का उधार देने वाला हूँ। मैं मुफ़्त में देता हूँ क्योंकि यहोवा बहुत देता है। मैं परमेश्वर के समय पर हूँ। मेरा इंतज़ार आराधना है। मेरा रुकना भविष्यवाणी है।

आज्ञाकारिता कार्रवाई कदम

आज आध्यात्मिक या व्यावहारिक मदद देने का कोई तरीका खोजें - एक शब्द, एक मुलाक़ात, एक प्रार्थना, या एक उपहार अपने इंतज़ार के दौरान किसी को प्रोत्साहित करें या उसकी मदद करें। पाने से पहले ही जो आपके पास है उसे दे दें।

जर्नल प्रॉम्प्ट

- मैं मंत्रालय में एक ऋणदाता कैसे बन सकता हूँ, अनुमोदन के लिए याचक नहीं?
- यहोवा मुझे फसल काटने से पहले ही बोने के लिए बुला रहा है। इस बदलाव में यहोवा मुझे क्या सिखा रहा है?
- मेरे इंतजार के दौरान भी मेरे उपहारों से कौन लाभान्वित हो सकता है?

दिन 14: फलदायी होने का आशीर्वाद

इंजील

"तेरे बच्चे और तेरी फसलें धन्य होंगी। तेरे गाय-बैलों और भेड़-बकरियों के बच्चे धन्य होंगे।" – *व्यवस्थाविवरण 28:4*
"यहोवा तेरे खलिहानों और उन सब वस्तुओं पर आशीष देगा जिन पर तू अपना हाथ लगाएगा।" – *व्यवस्थाविवरण 28:8*

केन्या से कहानी – एक शिक्षक की फसल

पश्चिमी केन्या में एक धूल भरे गाँव में रहने वाली **नाओमी वानजिरू** हर दिन की शुरुआत एक नरम लेकिन स्थिर आवाज़ और अपने दिल में एक प्रार्थना के साथ करती थी। उसके पास कोई इंटरैक्टिव व्हाइटबोर्ड नहीं था, कोई एयर-कंडीशन्ड क्लासरूम नहीं था और कोई नियमित तनख्वाह नहीं थी। लेकिन उसके पास **विश्वास था** , एक चॉकबोर्ड था

और एक दृढ़ विश्वास था कि **उसके द्वारा पढ़ाया गया हर बच्चा एक ऐसा बीज है** जिसमें एक राष्ट्र को बदलने की क्षमता है।

उसके कई छात्र टूटे-फूटे घरों से आए थे, कुछ कई किलोमीटर तक नंगे पैर चले थे, और दूसरों ने दस साल की उम्र तक इतना दर्द देखा था जितना कि ज़्यादातर लोग जीवन भर में नहीं देखते। फिर भी नाओमी ने न सिर्फ़ पढ़ाना चुना - बल्कि **आशीर्वाद देना भी** ।

हर सुबह, छात्रों के आने से पहले, वह कक्षा की मेज़ों पर तेल लगाती थी। वह ऊँची आवाज़ में बोलती थी:

"हे पिता, उनके मन को आशीर्वाद दें, उनके दिल को आशीर्वाद दें, उनके भविष्य को आशीर्वाद दें। वे सिर बनें, पूंछ नहीं।"

उसने गणित और विज्ञान के पाठों में पवित्र शास्त्र की कहानियाँ शामिल कीं। उसने चरित्र, सम्मान और आज्ञाकारिता की शक्ति सिखाई। कुछ छात्रों ने उसका मजाक उड़ाया, कुछ ने रोया। लेकिन अधिकांश ने सुना - क्योंकि उन्होंने उसमें कुछ **अलग देखा।**

इतने वर्ष बीत गए।

नाओमी उसी ग्रामीण स्कूल में ही रहीं। लेकिन कुछ असाधारण घटित होने लगा: उनके छात्रों की संख्या बढ़ने लगी।

उनमें से एक राष्ट्रीय सरकार में **कैबिनेट मंत्री बन गई। दूसरी ने एक तकनीकी कंपनी बनाई** जिसने पूर्वी अफ्रीका में मोबाइल स्वास्थ्य क्लीनिकों में क्रांति ला दी। एक लड़की, जो कभी अंग्रेज़ी में हकलाती थी, अब पाँच देशों में अनाथ बच्चों की मदद करने वाली एक गैर-लाभकारी संस्था चलाती है।

जब नाओमी से उनकी कक्षा की सफलता का रहस्य पूछा गया तो उन्होंने बस मुस्कुराते हुए कहा,

"जब किसी और ने भी उनको आशीर्वाद नहीं दिया, तब भी मैंने उनको आशीर्वाद दिया। और यहोवा ने उसे बढ़ाया।"

उनकी सफलता का माप वेतन से नहीं, बल्कि **बदलती पीढ़ियों से है** ।

इंडोनेशिया की कहानी - एक मछुआरे का विनम्र नवाचार

हजारों मील दूर, मध्य जावा के शांत तटीय किनारे पर, **अरी नुगरोहो नाम का एक आदमी रहता था** ।

एरी मछुआरों की एक लंबी परंपरा से आया था। उसके पिता और दादा ने भी इसी जल में मछलियाँ पकड़ी थीं, और उसे उनके जाल और उनकी बुद्धि विरासत में मिली थी। लेकिन समय बदल गया था। मछलियाँ कम हो गई थीं। प्रदूषण और अत्यधिक मछली पकड़ने ने समुद्र को अवरुद्ध कर दिया था। एरी की पकड़ से उसके परिवार का पेट मुश्किल से भर पाता था।

एक शाम, एक और असफल यात्रा के बाद, एरी अपनी नाव के पास घुटनों के बल गिर पड़ा। नमकीन आँसू समुद्र की फुहारों में मिल गए और वह रो पड़ा:

"हे यहोवा, मेरे हाथों के काम को आशीर्वाद दे। मुझे दिखाओ कि मैं तेरा सम्मान कैसे करूँ और कैसे बचूँ।"

उस रात, उसने व्यवस्थाविवरण 28:8 पढ़ा:

"तुम जिस किसी काम में हाथ लगाओगे, प्रभु उसे आशीर्वाद देंगे।"

प्रेरित होकर, एरी ने अपने मछली पकड़ने के तरीकों को समायोजित करना शुरू कर दिया - अपने सप्ताह में **बाइबिल के आराम पैटर्न को शामिल करना, पर्यावरण के अनुकूल जाल का उपयोग करना** , और अंधविश्वास के बजाय प्रार्थना और अवलोकन के आधार पर **मछली पकड़ने के समय को बदलना।**

उनके परिणाम चौंकाने वाले थे: उनकी **पकड़ी गई मछलियाँ पहले दोगुनी हुईं** , फिर **तिगुनी** - फिर भी उन्होंने समुद्र में **कम समय बिताया।**

पड़ोसियों ने पहले तो उसका मज़ाक उड़ाया- फिर सीखने को कहा। जल्द ही, दस अन्य मछुआरों ने उसके तरीके अपना लिए। फिर उसके अपने गाँव से बाहर के गाँवों ने भी। एक क्षेत्रीय विश्वविद्यालय ने एरी को **संधारणीय मछली पकड़ने पर बोलने के लिए आमंत्रित किया।** आज, यह विनम्र व्यक्ति जो कभी अपनी योग्यता पर संदेह करता था, अब एक **सरकारी सलाहकार है** , जो इंडोनेशिया भर में हज़ारों युवा मछुआरों को सलाह दे रहा है।

उसने कभी समुद्री जीव विज्ञान का अध्ययन नहीं किया। उसने **आज्ञाकारिता का अध्ययन किया** - और **यहोवा ने उसके हाथों का सम्मान किया।**

दैनिक घोषणा

मैं घोषणा करता हूँ कि मैं अपने जीवन के हर क्षेत्र में फलदायी हूँ। मेरे बच्चे, काम और प्रयास धन्य हैं। मैं जिस किसी काम में हाथ डालता हूँ, वह यहोवा की कृपा की छत्रछाया में बढ़ता है।

प्रार्थना

पिता, मुझे फलदायी होने के लिए बुलाने के लिए आपका धन्यवाद। मेरी मदद करें कि मैं अभावों से परे देखूं और जो मैं संभालता हूं, उस पर जीवन बोलूं। मेरे प्रयासों को आशीर्वाद दें और जो मैं विश्वास में बोता हूं, उसे बढ़ाएँ।

कार्यवाही कदम

किसी ऐसी चीज़ की पहचान करें जो निष्फल लगती है—आपका काम, कोई रिश्ता या फिर कोई सपना। आज ही उसके लिए प्रार्थना करें। फिर उसे पोषित करने की दिशा में एक सरल, आज्ञाकारी कदम उठाएँ—ठीक वैसे ही जैसे नाओमी ने सिखाया और जैसा एरी ने पाया।

भक्तिपूर्ण अंतर्दृष्टि

परमेश्वर के राज्य में फलदायी होना तालियों या मंच से नहीं बल्कि **वफ़ादार आज्ञाकारिता से मापा जाता** है। नाओमी और अरी ने कभी प्रसिद्धि की चाहत नहीं की - उन्होंने बस जहाँ वे थे, वहीं परमेश्वर का सम्मान किया। यहोवा का आशीर्वाद सिर्फ़ इस बात पर नहीं है कि हम

क्या करते हैं, बल्कि इस बात पर भी निर्भर करता है **कि हम इसे कैसे करते हैं** - विश्वास, ईमानदारी और देने के लिए दिल के साथ।

सच्ची फलदायकता **गुप्त स्थानों में शुरू होती है** : कक्षाओं में जहां कोई नहीं जाता, नावों पर कोई नहीं देखता, हृदयों में कोई नहीं समझता - परन्तु परमेश्वर देखता है, परमेश्वर आशीर्वाद देता है, और परमेश्वर बढ़ाता है।

आज्ञाकारिता हमेशा आकर्षक नहीं होती, लेकिन **परमेश्वर की अर्थव्यवस्था में यह हमेशा लाभदायक होती है** । यहां तक कि जब आप फलदायी महसूस नहीं करते हैं, तब भी फलदायी होने की घोषणा करें - क्योंकि यहोवा अपने वचन का जवाब देता है।

जर्नल प्रविष्टि प्रॉम्प्ट

- मेरे जीवन में कौन सा "छोटा" क्षेत्र यहोवा गुणन के लिए तैयार कर रहा है?
- क्या मैं अपने हाथ में जो है, उसका ईमानदारी से प्रबन्ध कर रहा हूँ, या मैं उसका तिरस्कार कर रहा हूँ?
- मुझे निराशा के स्थान पर फलदायकता की बात कहाँ करनी चाहिए?

एक प्रार्थना या चिंतन लिखें जिसमें यहोवा से प्रार्थना करें कि वह उन चीज़ों पर प्राण फूंकें जिन्हें आपने ईमानदारी से बोया है - भले ही अभी तक कोई इसे न देख पाया हो।

दिन 15: ईश्वरीय सुरक्षा का आशीर्वाद

इंजील

"जब तेरे शत्रु तुझ पर आक्रमण करेंगे, तब यहोवा उन्हें परास्त करेगा। वे एक दिशा से तुझ पर आक्रमण करेंगे, परन्तु सात दिशाओं से भाग जाएंगे!" - व्यवस्थाविवरण 28:7 NLT

नाइजीरिया से एक कहानी – संकट में फंसे एक पादरी की

उत्तरी नाइजीरिया के मध्य में, जहाँ उत्पीड़न बढ़ रहा था और अंधकार हर दिन और गहराता जा रहा था, पादरी इमैनुएल ने कडुना के बाहरी इलाके में एक छोटे से ग्रामीण चर्च का नेतृत्व किया। उनकी इमारत मिट्टी की दीवारों और टिन की छत से ज़्यादा कुछ नहीं थी - लेकिन अंदर, वे इस तरह पूजा करते थे जैसे वे सोने की सड़कों पर खड़े हों।

ईसाई समुदायों पर हमलों की अफ़वाहें हवा में फैल गईं। चर्च जलाए जा रहे थे। विश्वासियों का अपहरण किया जा रहा था या इससे भी बदतर। हर रात डर छाया की तरह घुस आता था।

लेकिन पादरी इमैनुएल ने डर के आगे झुकने से इनकार कर दिया। इसके बजाय, उन्होंने अपने चर्च को **प्रतिदिन भजन 91 को जोर से प्रार्थना करने और** अपने जीवन, परिवारों और भूमि पर **व्यवस्थाविवरण** 28 के वादों की घोषणा करने के लिए कहा।

हर रात, वह परिसर की परिधि में घूमता रहता, अन्य भाषाओं में बोलता, पवित्रशास्त्र का हवाला देता, और दरवाज़ों पर तेल लगाता। उसने घोषणा की:

"हमारे विरुद्ध बनाया गया कोई भी हथियार सफल नहीं होगा। यदि वे एक मार्ग से आएंगे, तो सात मार्ग से भाग जाएंगे।"

फिर एक रात—यह घटित हुआ।

आधी रात को हथियारबंद लोगों का एक समूह परिसर में घुस आया। दरबान पादरी को जगाने के लिए भागा। पास के छात्रावास में सो रहे लोगों में दहशत फैल गई।

लेकिन इससे पहले कि हमलावर संपत्ति पर धावा बोल पाते, वे रुक गए।

वे भ्रमित होकर चिल्लाने लगे। कुछ ने अपने हथियार गिरा दिए। फिर, एक पल में, जिसे कोई नहीं भूल सकता, पूरा समूह पलट गया और **भाग गया** , रात में गायब हो गया।

कुछ सप्ताह बाद, हमलावरों में से एक को एक अलग घटना के लिए गिरफ्तार किया गया। पूछताछ के दौरान उसने कबूल किया:

"हम उन्हें नष्ट करने आए थे। लेकिन जैसे ही हम गेट पर पहुंचे, हमने देखा कि **पूरी जगह आग से घिरी हुई थी - धधकती हुई, बेमतलब की आग।** हम आगे नहीं बढ़ सके।"

पुलिस अधिकारी ने अपना सिर हिलाया। "कोई आग नहीं लगी थी। वहाँ कुछ भी नहीं था।"

लेकिन पादरी इमैनुएल और उनकी मंडली को ठीक से पता था कि क्या हुआ था।
अदृश्य परमेश्वर ने अपनी सुरक्षा को दृश्यमान बना दिया था।
आज्ञाकारिता की वाचा ने दिव्य सुरक्षा को बुलाया था।

दैनिक घोषणा

मैं यहोवा की छत्रछाया में रहता हूँ। कोई भी शत्रु मुझे पराजित नहीं कर सकता। जब वे मेरे विरुद्ध उठते हैं, तो वे भ्रम में बिखर जाते हैं। मैं असुरक्षित नहीं हूँ - मैं स्वर्ग से आग से घिरा हुआ हूँ।

प्रार्थना

यहोवा, अलौकिक सुरक्षा के लिए आपका धन्यवाद। जब मैं युद्ध नहीं देख पाता, तब भी मैं जानता हूँ कि आप मेरे लिए लड़ रहे हैं। मैं आपकी दिव्य सुरक्षा पर भरोसा करता हूँ और घोषणा करता हूँ कि मेरी आत्मा, उद्देश्य या बुलाहट का हर दुश्मन यीशु के नाम पर पराजित हो गया है।

कार्यवाही कदम

आज अपने घर या कार्यालय में घूमें और **भजन** 91 या **व्यवस्थाविवरण** 28:7 **को** ज़ोर से बोलें। अपने भौतिक और

आध्यात्मिक स्थान में यहोवा की उपस्थिति को आमंत्रित करें। अपने दरवाज़ों या प्रवेश द्वारों को एक भविष्यवाणी के रूप में अभिषेक करें।

भक्तिपूर्ण अंतर्दृष्टि

पर सुरक्षा के लिए प्रार्थना करते हैं । लेकिन व्यवस्थाविवरण 28 की वाचा हमें **सुरक्षा की उम्मीद के साथ जीना सिखाती है** - एक इच्छा के रूप में नहीं, बल्कि आज्ञाकारिता की विरासत के रूप में।

ईश्वरीय सुरक्षा सिर्फ़ एक ढाल नहीं है; यह एक **रणनीति है** । यही कारण है कि यहोवा ने इस्राएल को उसकी आज्ञाओं का पालन करने के लिए चेतावनी दी थी - क्योंकि अवज्ञा आध्यात्मिक सीमाओं को कमज़ोर करती है। लेकिन जब हम उसके वचन के अनुसार चलते हैं, तब भी जब हम सोते हैं, तो **वह हमारे चारों ओर एक फ़ायरवॉल बनाता है** ।

आपके सामने आने वाले शत्रु - भय, बदनामी, वित्तीय हमला, आध्यात्मिक युद्ध - साहसपूर्वक आ सकते हैं, लेकिन वे टिक नहीं सकते। आप **रक्षा के एक स्वर्गीय अनुबंध के तहत हैं** । इस आश्वासन से अपनी स्थिति को घबराहट से शांति की ओर मोड़ें।

जर्नल प्रविष्टि प्रॉम्प्ट

- मैं इस समय किन क्षेत्रों में सबसे अधिक असुरक्षित महसूस करता हूँ - शारीरिक, भावनात्मक या आध्यात्मिक?
- जब बात ईश्वरीय सुरक्षा की आती है तो क्या मैं भय में अधिक जी रहा हूँ या आस्था में?

- मैं इस सप्ताह स्वयं पर और दूसरों पर परमेश्वर की सुरक्षा की सक्रिय रूप से घोषणा कैसे कर सकता हूँ?

अपने घर, अपने कार्यस्थल और अपने समुदाय की सुरक्षा के लिए एक व्यक्तिगत प्रार्थना लिखें। यहोवा से पूछें कि आपको यह बताए कि आपको साहस और उम्मीद के साथ पवित्रशास्त्र की घोषणा कहाँ करनी है।

दिन 16: प्रचुरता का आशीर्वाद

इंजील

"यहोवा तेरे सब कामों पर आशीष देगा, और तेरे भण्डार अन्न से भर देगा।" – व्यवस्थाविवरण 28:8

थाईलैंड की कहानी – एक चावल किसान का पुनरुत्थान

उत्तरी थाईलैंड की एक शांत, नम घाटी में, धुंध भरी पहाड़ियों और सीढ़ीदार खेतों के बीच बसा, **चाई , तीसरी पीढ़ी का चावल किसान रहता था। उसके हाथ मजबूत थे, उसकी पीठ दशकों की मेहनत से थकी हुई थी। लेकिन सालों की मेहनत के बावजूद, उसका खेत अभाव** के चक्र में फंसा हुआ था ।

बारिश देर से हुई। मिट्टी की उपज खत्म हो गई। उसके खलिहान, जो कभी फसल से गुलजार रहते थे, खालीपन से गूंज रहे थे। गांव के कई लोग पूर्वजों की आत्माओं को खुश करने के लिए बलि चढ़ाने लगे या स्थानीय ओझाओं से सलाह लेने लगे। लेकिन चाई **कुछ वास्तविक खोज रहा था** - कुछ शाश्वत।

एक दिन, एक छोटी **मिशनरी टीम ने** इस क्षेत्र का दौरा किया। वे उपकरण, शिक्षाएँ और सबसे महत्वपूर्ण बात - **सत्य लेकर आए** । उन्होंने यहोवा की आशीर्वाद की वाचा के बारे में सिखाया, कि कैसे आज्ञाकारिता और **उदारता आध्यात्मिक बीज हैं** , और कैसे दशमांश देने का मतलब पैसा खोना नहीं बल्कि **बहुतायत को अनलॉक करना है** ।

चाई को पहले तो संदेह हुआ। लेकिन जब उसने अपनी थाई बाइबिल में व्यवस्थाविवरण 28:8 पढ़ा तो उसके अंदर कुछ हलचल हुई। ये शब्द उसकी आत्मा में गड़गड़ाहट की तरह गूंज उठे:

"प्रभु आशीष की गारंटी देगा... और आपके भण्डार भर देगा।"

वह घर लौट आया, अपने हल के पास घुटनों के बल बैठ गया और समर्पण कर दिया। उसने अपने खेत के लिए प्रार्थना की, जो थोड़ा बहुत था उसका दसवाँ हिस्सा दान किया और अपनी ज़मीन के हर कोने को तेल से अभिषेक किया।

अगले रोपण सीज़न में, सब कुछ बदल गया।

बारिश जल्दी आ गई। एक बार उनकी फसलों को नुकसान पहुंचाने वाले कीट गायब हो गए। उनके चावल लंबे, समृद्ध और भारी हो गए। उस साल उनकी उपज? **औसत से तीन गुना अधिक** ।

पड़ोसी जांच करने आए। उन्होंने देखा कि चाई का पुराना गोदाम अब बोरियों से भरा हुआ है। उसने उनसे कहा, "मैंने अपनी ज़मीन यहोवा को दे दी है - और उसने इसे ब्याज सहित वापस कर दिया है।"

प्रेरित होकर, गांव के अन्य लोगों ने दशमांश देना और प्रार्थना करना शुरू कर दिया। घाटी में फसल की पैदावार में सुधार हुआ। पूरा क्षेत्र बदल गया - **नीति परिवर्तन से नहीं, बल्कि एक व्यक्ति के विश्वास के कार्य से** ।

आज, चाई युवा किसानों को सिखाता है कि कैसे खेती करें और **प्रभु का सम्मान करें । उसके खलिहान सिर्फ़ चावल से नहीं भरे हैं - वे प्रमाणों** से भरे हैं ।

दैनिक घोषणा

मेरी आज्ञाकारिता बहुतायत को आमंत्रित करती है। यहोवा मेरे भण्डारों को भरता है और मेरे हाथों के कामों को आशीर्वाद देता है। जो कभी दुर्लभ था, अब वह भरपूर है। मैं खुले आसमान के नीचे रहता हूँ।

प्रार्थना

पिता, आप सभी अच्छी चीजों के स्रोत हैं। जब मैं आज्ञाकारिता में चलता हूँ तो मैं जो कुछ भी करता हूँ उसे आशीर्वाद देने का वादा करने के लिए आपका धन्यवाद। आज, मैं अपना काम, अपना वित्त, अपने सपने और अपने खेत आपके हाथों में सौंपता हूँ। अपनी वाचा के वादे के अनुसार उन्हें बढ़ाएँ। आमीन।

कार्यवाही कदम

अपने जीवन में एक ऐसा क्षेत्र पहचानें जहाँ आप वर्तमान में कमी महसूस कर रहे हैं - वित्त, समय, शांति, अवसर। प्रार्थना में इसे यहोवा को सौंप दें। फिर आज उस क्षेत्र में **आज्ञाकारिता या उदारता का एक छोटा लेकिन ठोस कदम उठाएँ।**

भक्तिपूर्ण अंतर्दृष्टि

राज्य में बहुतायत **मात्रा से शुरू नहीं होती** - यह **आज्ञाकारिता से शुरू होती है** । यहोवा को अपना आशीर्वाद देने के लिए परिपूर्ण

परिस्थितियों की आवश्यकता नहीं है; वह केवल समर्पित हृदय और **विश्वास से भरे कदमों की तलाश करता है** ।

चाई का चमत्कार मिट्टी में नहीं शुरू हुआ - यह उसकी आत्मा में शुरू हुआ। भूमि बस वही दर्शाती है जो स्वर्ग ने पहले ही तय कर लिया था।

जब हम देने में, अपने काम में, और अपनी आराधना में परमेश्वर के वचन के साथ संरेखित होते हैं, तो हम प्रयास करने से **बहने की ओर** - हेरफेर से **गुणन की ओर स्थानांतरित हो जाते हैं** ।

और राज्य की प्रचुरता की सुंदरता? यह कभी भी हम तक ही सीमित नहीं रहती। चाई की तरह, हमारी आज्ञाकारिता **पूरे समुदाय को आशीर्वाद दे सकती है** ।

जर्नल प्रविष्टि प्रॉम्प्ट

- मैं आज्ञाकारिता में बोने के बजाय अपनी शक्ति से प्रयास कर रहा हूँ?
- क्या ऐसा कोई संसाधन, समय या प्रतिभा है जिसे मैं रोक कर बैठा हूँ और जिसे यहोवा मुझसे मुक्त करने के लिए कह रहा है?
- यहोवा की प्रचुरता पर भरोसा करना कैसा लगेगा - परिणाम देखने से पहले ही?

समर्पण की प्रार्थना लिखें, और परमेश्वर से एक विशिष्ट क्षेत्र प्रकट करने के लिए कहें जहाँ वह आपकी आज्ञाकारिता के माध्यम से प्रचुरता जारी करना चाहता है। फिर, इस सप्ताह विश्वास कार्रवाई के लिए एक योजना बनाएं।

दिन 17: ईमानदारी का आशीर्वाद

न्याय की धड़कन और शांति की महिमा

दक्षिण अफ्रीका और त्रिनिदाद और टोबैगो

इंजील

एएमपी: "अब ऐसा होगा, यदि तुम अपने परमेश्वर यहोवा की वाणी को ध्यान से सुनो और उसका पालन करो... तो तुम्हारा परमेश्वर यहोवा तुम्हें पृथ्वी की सारी जातियों में श्रेष्ठ करेगा... तुम्हारी टोकरी और तुम्हारा आटा दोनों धन्य होंगे।" – *व्यवस्थाविवरण 28:1, 5 एएमपी*

एनएलटी: "यदि तुम अपने परमेश्वर यहोवा की पूरी तरह से आज्ञा मानोगे और उसकी सभी आज्ञाओं का पालन करोगे... तो तुम्हारा परमेश्वर यहोवा तुम्हें संसार की सभी जातियों से अधिक महान बनाएगा... तुम्हारी फलों की टोकरियाँ और रोटी की प्लेटें धन्य होंगी।" – *व्यवस्थाविवरण 28:1, 5 एनएलटी*

कहानी 1: दक्षिण अफ्रीका - वह अधिकारी जो रिश्वत नहीं लेता

जोहान्सबर्ग में, **लेबो** उन कुछ महिला यातायात अधिकारियों में से एक थी जिन्हें एक प्रमुख राजमार्ग जंक्शन पर नियुक्त किया गया था जो

अवैध लेन-देन और रिश्वत के लिए जाना जाता था। ऐसा कहा जाता था कि "यहां बिना भुगतान के कुछ भी नहीं गुजरता।"

लेकिन लेबो ने यहोवा के साथ एक वाचा बाँधी थी: चाहे कितना भी दबाव क्यों न हो, वह निष्ठा से सेवा करेगा।

एक दोपहर, एक उच्च पदस्थ राजनेता के काफिले ने कई लाल बत्तियाँ पार कीं, जिससे कई वाहन खतरे में पड़ गए। उन्हें रोका गया, एक अंगरक्षक बाहर आया और उसे एक मोटा लिफाफा दिया - जो उसने जो देखा उसे भूलने के लिए धन था।

लेबो ने शांति से लिफाफा लौटा दिया और शिकायत दर्ज कर दी। फिर उसने सारी बातें दर्ज कीं और घटना की सूचना दी।

खबर मीडिया में लीक हो गई और वायरल हो गई।

शर्मिंदगी के बजाय, लेबो की हिम्मत का जश्न मनाया गया। रेडियो शो ने उसकी प्रशंसा की। पुलिस आयोग ने उसे नैतिकता सेमिनार में बोलने के लिए आमंत्रित किया। एक साल के भीतर, उसे पदोन्नत कर दिया गया और भ्रष्टाचार विरोधी प्रशिक्षण में वह राष्ट्रीय स्तर पर एक हस्ती बन गई।

जो **आज्ञाकारिता के एकाकी कार्य के रूप में शुरू हुआ वह धार्मिक प्रभाव** के लिए एक मंच बन गया।

कहानी 2: त्रिनिदाद और टोबैगो - वह सफाईकर्मी जिसने गौरव हासिल किया

पोर्ट ऑफ़ स्पेन में, **मार्लीन** एक होटल में सफाई का काम करती थी। उसका काम ज़्यादातर लोगों को नज़र नहीं आता था - चादरें बदलना, शीशे पोंछना और कचरा खाली करना।

लेकिन हर सुबह, मार्लीन अपनी सफाई की सामग्री का अभिषेक करती और प्रार्थना करती:

"हे यहोवा, मैं जिस भी कमरे को छूऊँ, उसमें तेरी उपस्थिति बनी रहे।"

काम करते समय वह फुसफुसाकर पवित्रशास्त्र पढ़ती थी, तथा बिस्तरों पर शांति और मेहमानों के लिए उपचार की घोषणा करती थी।

एक दिन, एक विदेशी व्यापारी कई सालों में पहली बार बिना दर्द के उठा। उत्सुकतावश, उसने फ्रंट डेस्क से पूछा कि उसका कमरा किसने साफ़ किया था। उसने मार्लीन को ढूँढा और पूछा, "क्या तुम मेरे परिवार के लिए भी प्रार्थना कर सकती हो?"

वह व्यक्ति **संयुक्त राष्ट्र का प्रतिनिधि था** । कुछ सप्ताह बाद, मार्लीन को वैश्विक महिला नेतृत्व शिखर सम्मेलन में अपने विश्वास और अदृश्य सेवा के बारे में बोलने के लिए आमंत्रित किया गया।

आज, वह कैरिबियन में होटल कर्मचारियों को मूल्य-आधारित आतिथ्य का प्रशिक्षण देती हैं। **उनकी झाड़ू पुनरुत्थान का डंडा बन गई।**

दैनिक घोषणा

मैं यहोवा की बात सुनता हूँ और ईमानदारी से आगे बढ़ता हूँ। मैं समझौता करने से इनकार करता हूँ। चाहे मेरे हाथ में बिल्ला हो या

झाड़ू, मेरे काम में स्वर्ग का अधिकार है। मेरे हाथ भोजन या प्रशस्ति-पत्र से कहीं ज़्यादा तैयार करते हैं - वे चमत्कार और न्याय की मेजबानी करते हैं।

प्रार्थना

यहोवा, मुझे हिम्मत दो कि मैं ना कह सकूँ जब दूसरे लोग भ्रष्टाचार के लिए हाँ कहते हैं। अदृश्य स्थानों में आपका सम्मान करने में मेरी मदद करो। मेरे काम को आशीर्वाद दो, चाहे वह कितना भी छोटा क्यों न लगे। मैं जो कुछ भी छूऊँ, उसमें तुम्हारी महिमा चमके। याहशुआ के नाम पर, आमीन।

आज्ञाकारिता कार्रवाई कदम

- *कानून प्रवर्तन या सुरक्षा कर्मचारी:* आज धार्मिकता के लिए स्पष्ट रुख अपनाएं - भले ही यहोवा के अलावा कोई न देख रहा हो।
- *सफाईकर्मी, देखभाल करने वाले और घरेलू कामगार:* एक नियमित कार्य चुनें और उसे पूजा के रूप में अर्पित करें। जिस भी स्थान को आप छूते हैं, उस पर आशीर्वाद बोलें।

भक्तिपूर्ण अंतर्दृष्टि

यहोवा पदों को आशीर्वाद नहीं देता - वह **आसनों को आशीर्वाद देता है** । आपके काम को अलौकिक बनाने के लिए आपको माइक्रोफोन या मंत्रालय की उपाधि की आवश्यकता नहीं है। एक पुलिस चौकी एक

पुलपिट बन सकती है। एक झाड़ू चमत्कारों का आयोजन कर सकती है। जब हम सम्मान और ईमानदारी के साथ सेवा करते हैं, तो यहोवा **सामान्य को ऊपर उठाता है** ।

लेबो के यातायात रोकने और मार्लीन की शांत सेवा ने अनुग्रह, पदोन्नति और परिवर्तन को संभव बनाया - प्रयास के माध्यम से नहीं, बल्कि **दैनिक आज्ञाकारिता के माध्यम से** ।

यहोवा के समय में गुप्त में आज्ञाकारिता सदैव **खुले में सम्मान की ओर ले जाती है।**

जर्नल प्रविष्टि प्रॉम्प्ट

- हाल ही में मैंने किस नैतिक परीक्षा का सामना किया है? क्या मैं दृढ़ रहा या पीछे हट गया?
- मैंने अपने दैनिक कार्य की शक्ति को कहां कम आंका है?
- मैं अपनी दिनचर्या को अधिक इरादे और विश्वास के साथ यहोवा को अर्पित कैसे कर सकता हूँ?

आज यहोवा को अपना काम सौंपते हुए प्रार्थना लिखें - चाहे उसका शीर्षक कुछ भी हो। उससे कहें कि वह इसे प्रभाव, उपचार और उन्नति के लिए एक मंच के रूप में उपयोग करे।

दिन 18: नवाचार के बीज

एशिया – भारत और यूरोप – यूनाइटेड किंगडम

भूमिका फोकस: वैज्ञानिक, शोधकर्ता और नवप्रवर्तक
भूमिका फोकस: शिक्षक, शिक्षाविद और प्रशिक्षक

इंजील

एएमपी: "यदि तुम अपने परमेश्वर यहोवा की वाणी पर ध्यान दोगे तो ये सब आशीर्वाद तुम पर आएंगे और तुमको प्राप्त होंगे... जब तुम भीतर आओगे तब भी धन्य होगे और जब तुम बाहर जाओगे तब भी धन्य होगे।" – *व्यवस्थाविवरण 28:2, 6 एएमपी*

एनएलटी: "यदि तुम अपने परमेश्वर यहोवा की आज्ञा मानोगे तो ये सब आशीषें तुम्हें मिलेंगी... तुम जहां कहीं जाओगे और जो कुछ भी करोगे, तुम्हें आशीष मिलेगी।" – *व्यवस्थाविवरण 28:2, 6 एनएलटी*

कहानी 1: भारत – एक सौर वैज्ञानिक जिसने एक गांव को खाना खिलाया

डॉ. प्रिया ग्रामीण भारत में पोस्टडॉक्टरल शोधकर्ता थीं, जिन्हें अक्सर अकादमिक हलकों में नजरअंदाज कर दिया जाता था क्योंकि उन्होंने

लाइमलाइट से दूर काम करना चुना था। जबकि दूसरे लोग फंडिंग और शोहरत की तलाश में थे, वह यहोवा की फुसफुसाहट पर ध्यान देती रहीं।

एक दिन, यशायाह 58 पर प्रार्थना करते समय, उसे एक स्वप्न आया: एक **सौर ऊर्जा से चलने वाला जल शोधक** जो दूषित कुओं से पीड़ित सबसे गरीब गांवों की सेवा कर सकता है। यह सरल लग रहा था, लेकिन किसी को भी विश्वास नहीं था कि यह काम करेगा या स्केलेबल होगा। सरकारी एजेंसियों ने उसकी अनदेखी की, और अनुदान अस्वीकार कर दिया गया।

परन्तु यहोवा ने कहा था, *"वफादार बने रहो।"*

उन्होंने अपनी बचत का उपयोग एक प्रोटोटाइप बनाने में किया तथा इसकी पहली इकाई मलेरिया से ग्रस्त एक गांव को दे दी, जहां बच्चे जलजनित बीमारियों से मर रहे थे।

कुछ ही हफ़्तों में बीमारी की दर कम हो गई। बच्चे स्कूल वापस आ गए। गांव के मुखिया ने दूसरों को संदेश भेजा। महीनों बाद, एक एनजीओ निदेशक ने साफ पानी चखा और पूछा, "इसे किसने बनाया?"

आज्ञाकारिता के उस एक कार्य ने **सात देशों** में **वैश्विक भागीदारी को जन्म दिया** । आज, उनके डिजाइन से **200 से अधिक गांवों में जल प्रणालियां संचालित होती हैं** और अग्रणी विश्वविद्यालयों में इसका अध्ययन किया जाता है।

उसने कभी आशीर्वाद का पीछा नहीं किया - लेकिन आशीर्वाद ने उसका पीछा किया।

कहानी 2: यूनाइटेड किंगडम – कक्षा से परिषद तक

श्री जेम्स लंदन के एक अंदरूनी शहर के स्कूल में एक मृदुभाषी साहित्य शिक्षक थे। उनकी कक्षा में ऐसे छात्र भरे पड़े थे जिन्हें समाज ने नज़रअंदाज़ कर दिया था - टूटे-फूटे घरों से आए बच्चे, प्रवासी और मानसिक आघात से बचे हुए बच्चे।

लेकिन श्रीमान जेम्स के पास एक गुप्त हथियार था: **वह हर दिन हर डेस्क** , हर पाठ और हर बच्चे के लिए प्रार्थना करते थे।

वह कहते थे,

"हे यहोवा, इस कक्षा को अपना राज्य बनाओ। मैं जो भी शब्द सिखाऊँ, उसमें जीवन हो।"

एक सत्र में उनके छात्रों के टेस्ट स्कोर में नाटकीय रूप से वृद्धि हुई। उन्होंने स्कूल के बाद मेंटरशिप प्रोग्राम शुरू किया। वर्षों के दौरान, . उनकी कक्षा विकास और परिवर्तन के लिए एक अभयारण्य बन गई।

उनके पूर्व छात्रों में से एक, जो कभी परेशान किशोर था, बाद में **संसद सदस्य बन गया** । अपने उद्घाटन भाषण में, उन्होंने श्री जेम्स को "उस समय संभावनाएँ देखने" के लिए सम्मानित किया, जब किसी और ने नहीं देखीं।

कुछ ही समय बाद, जेम्स को **राष्ट्रीय शिक्षा सलाहकार परिषद में सेवा करने के लिए आमंत्रित किया गया** , जहाँ उन्होंने लाखों लोगों के

लिए पाठ्यक्रम तैयार किया। उनकी कक्षा - जिसे कभी अनदेखा किया जाता था - ने **राष्ट्रीय स्तर पर दरवाज़े खोले** ।

भक्तिपूर्ण अंतर्दृष्टि

आशीर्वाद हमेशा तब नहीं आते जब हम उनका पीछा करते हैं; कभी-कभी वे **उन लोगों का पीछा करते हैं जो बस शांत आज्ञाकारिता में चलते हैं** ।

डॉ. प्रिया ने प्रसिद्ध होने के लिए आविष्कार नहीं किया। मि. जेम्स ने लोगों का ध्यान आकर्षित करने के लिए नहीं सिखाया। लेकिन यहोवा ने देखा। जब उसके लोग विश्वास, नवीनता और ईमानदारी के साथ सेवा करते हैं, तो **आशीर्वाद अवश्यंभावी हो जाता है** ।

हो सकता है कि आप कभी वैश्विक मंच पर कदम न रखें - परन्तु जब आप आज्ञापालन करते हैं, तो यहोवा सुनिश्चित करता है कि आपका प्रभाव **शाश्वत हो** ।

आशीर्वाद आपको **इसलिए नहीं मिलता कि आप कहां जाते हैं, बल्कि इसलिए मिलता है कि आप किसे अपने साथ लेकर चलते हैं** ।

दैनिक घोषणा

मैं सुनता हूँ और आशीर्वाद मुझे आगे ले जाता है। मेरी रचनात्मकता एक महान भलाई के लिए काम करती है। मेरी आज्ञाकारिता ही मेरी भेंट है। जब मैं प्रवेश करता हूँ तो मैं धन्य होता हूँ और जब मैं बाहर

निकलता हूँ तो भी धन्य होता हूँ। यहोवा मेरे साथ हर उस जगह पर चलता है जहाँ मैं प्रभाव डालता हूँ।

प्रार्थना

यहोवा, आपने मुझमें जो विचार बोए हैं, उनका उपयोग दुनिया को ठीक करने और मदद करने के लिए करें। मेरे विचारों, मेरे काम और मेरी आवाज़ को आशीर्वाद दें। मैं जो भी सबक सिखाता हूँ और जो भी समाधान बनाता हूँ, वह एक ऐसा बीज बन जाए जो मेरी पहुँच से परे हो। याहशुआ के नाम पर, आमीन।

आज्ञाकारिता कार्रवाई कदम

- यदि आप एक सृजनकर्ता या नवप्रवर्तक हैं: तो *आज ही अपने विचार किसी के साथ साझा करें या उसे विकसित करने के लिए एक छोटा कदम उठाएं - भले ही अभी तक किसी ने इस पर ध्यान न दिया हो।*
- यदि आप शिक्षक या मार्गदर्शक हैं: *अपने अगले शिक्षण या सत्र से पहले अपने विद्यार्थियों या श्रोताओं के लिए प्रार्थना करें। यहोवा के कार्य करने की अपेक्षा करें।*

जर्नल प्रॉम्प्ट

- यहोवा ने मेरे अन्दर कौन सा समाधान रखा है जिस पर मैंने अभी तक काम नहीं किया है?

- आज मैं कैसे **विश्वास और आज्ञाकारिता में आगे बढ़ सकता हूँ—न कि केवल महत्वाकांक्षा में?**
- मैं अपने शिक्षण, कार्य या रचनात्मकता के माध्यम से कौन से शाश्वत बीज बो रहा हूँ?

एक प्रेरणादायक विचार और आज्ञाकारिता का एक कार्य लिखें जिसे आप इस सप्ताह उसे पोषित करने के लिए अपना सकते हैं।

दिन 19: ब्लॉक पर सफलता

उत्तरी अमेरिका – यूएसए (शहरी आंतरिक शहर) | दक्षिण अमेरिका – अर्जेंटीना
भूमिका फोकस: जोखिमग्रस्त युवा, सलाहकार और सामुदायिक कार्यकर्ता

भूमिका फोकस: कलाकार, डिजाइनर, क्रिएटिव और प्रभावशाली व्यक्ति

इंजील

एएमपी: "तू नगर में धन्य रहेगा, और तू खेत में धन्य रहेगा... यहोवा तेरे विरुद्ध उठने वाले शत्रुओं को तेरे सामने पराजित करेगा... वे एक मार्ग से तेरे विरुद्ध निकलेंगे, और सात मार्गों से तेरे सामने से भाग जाएंगे।" - *व्यवस्थाविवरण 28:3, 7 एएमपी*

NLT: "तेरे नगर और तेरे खेत धन्य होंगे। जब तेरे शत्रु तुझ पर आक्रमण करेंगे, तब यहोवा उन पर विजय प्राप्त करेगा। वे एक दिशा से तुझ पर आक्रमण करेंगे, परन्तु तेरे सामने से सात दिशाओं में तितर-बितर हो जाएंगे।" - *व्यवस्थाविवरण 28:3, 7 NLT*

कहानी 1: अमेरिका – सड़क से अभयारण्य तक

जमाल शिकागो के सबसे मुश्किल इलाकों में से एक में बड़ा हुआ था- गिरोह द्वारा नियंत्रित सड़कें, बोर्ड-अप इमारतें, और निराशाजनक निगाहें। हिंसा ने उसके भाई को ले लिया था। ड्रग्स ने उसके चचेरे भाई को ले लिया। और वह अगली पंक्ति में था- जब तक कि एक **युवा आउटरीच कार्यक्रम ने** सब कुछ बदल नहीं दिया।

उस रात, एक अतिथि मार्गदर्शक ने **व्यवस्थाविवरण** 28 **से उपदेश देते हुए** युवाओं को यह संदेश दिया:

"तुम्हें भुलाया नहीं गया है। तुम शापित नहीं हो। तुम्हें इस शहर के लिए आशीर्वाद बनने के लिए चुना गया है।"

जमाल को अपने सीने में आग जलती हुई महसूस हुई।

स्थानीय गिरोह में शामिल होने के बजाय, उसने एक छोटा सा **हिप-हॉप और स्पोकन वर्ड समूह बनाया** , जिसमें शास्त्रों को बीट्स और स्ट्रीट स्टोरीटेलिंग के साथ जोड़ा गया। उसके गीतों में डर, गरीबी, पहचान और यहोवा के वादों का जिक्र था। धीरे-धीरे, बच्चे गीत लिखने के लिए गिरोह की बैठकों में जाने लगे। माता-पिता ओपन माइक नाइट्स में आने लगे। उसके ब्लॉक पर गोलीबारी कम हो गई।

जो शहर कभी निराशा के लिए जाना जाता था, अब वहाँ पुनरुत्थान हो रहा था। लोगों ने उसके मोहल्ले का नाम बदलकर **"ब्लेस्ड स्ट्रीट" रख दिया।**

सालों बाद, जमाल मेयर के बगल में खड़ा था, सामुदायिक परिवर्तन के लिए सम्मानित किया जा रहा था। वह अभी भी वही स्नीकर्स पहनता था, लेकिन अब वह राज्य के अधिकार में चलता था।

कहानी 2: अर्जेंटीना - वह नर्तकी जिसने अंधकार से लड़ाई लड़ी

ब्यूनस आयर्स के मध्य में , लूसिया एक छोटा सा डांस स्टूडियो चलाती थी, जिसके आसपास ऐसे प्रतियोगी थे जो उसकी आस्था का मज़ाक उड़ाते थे। कुछ लोग खुलेआम जादू-टोने में शामिल थे, और अपने प्रदर्शन में जादू-टोने की थीम को शामिल करते थे।

लूसिया ने अपनी नज़रें यहोवा पर टिकाए रखीं। वह अपने स्टूडियो में प्रार्थना करती थी, नृत्य निर्देशन करते समय पूजा करती थी, और अपने छात्रों को भक्ति के कार्य के रूप में नृत्य करना सिखाती थी। वह अक्सर कहती थी,

"हम सिर्फ़ प्रदर्शन नहीं करते। हम गति के साथ भविष्यवाणी करते हैं।"

एक वार्षिक सांस्कृतिक उत्सव के दौरान, लूसिया ने **"डिलीवरेंस" नामक एक प्रस्तुति पेश की।** जैसे-जैसे संगीत बढ़ता गया, भीड़ शांत होती गई। नर्तकियों की हरकतें कलात्मक से कहीं ज़्यादा थीं - वे आध्यात्मिक युद्ध की तरह थीं।

शो के बाद, पहले से ही शत्रुतापूर्ण प्रदर्शन करने वाले कलाकारों में से एक रोते हुए लूसिया के पास आया।

“तुम्हारे नृत्य के दौरान, मुझे ऐसा लगा जैसे कुछ मुझसे दूर जा रहा है... तब से मेरे मन में आत्महत्या के विचार नहीं आए।”

लूसिया की आज्ञाकारिता ने एक प्रदर्शन को **उपचार के द्वार में बदल दिया।** सालों बाद, उन्हें राष्ट्रीय टीवी के लिए कोरियोग्राफ़ी करने के लिए आमंत्रित किया गया, जिससे उन जगहों पर रोशनी आई जो कभी अंधेरे में डूबी हुई थीं।

भक्तिपूर्ण अंतर्दृष्टि

आपको आशीर्वाद पाने के लिए शहर से भागने की ज़रूरत नहीं है। **कभी-कभी, यहोवा आपको वहीं आशीर्वाद देता है जहाँ आप हैं - ताकि आप इसे बदल सकें।** शहर आत्माओं के लिए युद्ध के मैदान हैं, और आपकी आज्ञाकारिता किसी और के लिए सफलता बन जाती है जिसकी उसे सख्त ज़रूरत है।

रचनात्मकता सिर्फ़ अभिव्यक्ति नहीं है - यह **एक हथियार है** । चाहे आप पेंटिंग करें, रैप करें, सफाई करें, लिखें, संगठित करें या सलाह दें, जब यहोवा उस पर साँस लेता है, तो **नरक पीछे हट जाता है** ।

दैनिक घोषणा

मैं अपने शहर में धन्य हूँ। मैं यहोवा की आग को हर गली, स्कूल और स्टूडियो में ले जाता हूँ। मेरे उपहार छोटे नहीं हैं। मेरी रचनात्मकता अभिषिक्त है। जहाँ मैं यहोवा की रोशनी फैलाता हूँ, वहाँ दुश्मन भाग जाता है।

प्रार्थना

यहोवा, मेरे ज़रिए मेरे समुदाय को आशीर्वाद दें। मेरे इलाके में पुनरुत्थान की शुरुआत हो। मेरी आवाज़, मेरे हाथ और मेरी रचनात्मकता का इस्तेमाल करके जहाँ चोट लगी है, वहाँ मरहम लगाएँ। मेरी आज्ञाकारिता से गढ़ टूट जाएँ। याहशुआ के नाम पर, आमीन।

आज्ञाकारिता कार्रवाई कदम

आज अपने पड़ोस में जीवन की बात करें - प्रार्थना यात्रा के माध्यम से, किसी युवा को प्रोत्साहित करके, या अपने स्ट्रीट या सोशल फीड पर आशा साझा करके।

आज कुछ ऐसा बनाएँ जो यहोवा की महिमा करे—कला, संगीत या संदेश। भीड़ का इंतज़ार मत करो। राजा के लिए बनाएँ।

जर्नल प्रॉम्प्ट

- मेरे "शहर" या स्थानीय समुदाय के किस हिस्से को मेरे माध्यम से यहोवा के स्पर्श की आवश्यकता है?
- मैं आज के माहौल को बदलने के लिए अपनी रचनात्मक प्रतिभा का उपयोग कैसे कर सकता हूं?
- मुझे कहाँ पीछे हटना बंद करना चाहिए और साहस के साथ यहोवा पर भरोसा करना चाहिए?

दिन 20: क्षेत्र में अनुग्रह

ओशिनिया - पापुआ न्यू गिनी | एशिया - सिंगापुर
भूमिका फोकस: किसान, बागान मालिक और कृषि श्रमिक भूमिका फोकस: निवेशक, परोपकारी और राज्य
व्यवसायी विषय: वाचा धन के वाहक

इंजील

एएमपी: "तेरे बच्चे, और तेरी भूमि की उपज, और तेरे पशुओं के बच्चे... धन्य होंगे। यहोवा तेरे भण्डारों में और जितने काम तू करेगा उन सब में तुझे आशीष देगा।" - *व्यवस्थाविवरण 28:4, 8 एएमपी*

एनएलटी: "तेरे बच्चे और तेरी फसलें धन्य होंगी। तेरे गाय-बैलों और भेड़-बकरियों के बच्चे धन्य होंगे। यहोवा तेरे हर काम पर आशीष देगा, और तेरे भण्डार अन्न से भर देगा।" – *व्यवस्थाविवरण 28:4, 8 एनएलटी*

कहानी 1: पापुआ न्यू गिनी – पुनरुद्धार फसल

टेपा पापुआ न्यू गिनी के धुंध भरे पहाड़ी इलाकों में रहने वाला एक साधारण किसान था। उसका जीवन कठिन था। वह सूर्योदय से सूर्यास्त तक मेहनत करता था, लेकिन हर साल उसकी फसलें अच्छी

नहीं होती थीं। सिंचाई की कमी, खराब औजार और घटती बारिश के कारण कई पड़ोसी हार मान कर शहरों की ओर पलायन कर गए।

एक रात, टेपा ने एक यात्रारत उपदेशक को व्यवस्थाविवरण 28 से यह कहते सुना:

"यहोवा तेरे हाथों के कामों को आशीष देगा, और तेरे देश पर अपनी आशीष बरसाएगा..."

इससे उसके अंदर कुछ हलचल हुई। अगली सुबह, टेपा भोर से पहले उठे और **अपनी ज़मीन पर प्रार्थना की** । उन्होंने **खेतों में** एक छोटे से सौर ऊर्जा से चलने वाले रेडियो का उपयोग करके आराधना संगीत बजाना शुरू किया और काम करते समय ज़ोर से शास्त्रों का हवाला दिया। जहाँ दूसरों को सिर्फ़ मिट्टी दिखाई देती थी, वहीं टेपा को **एक वाचा का वादा दिखाई दिया जो सक्रिय होने का इंतज़ार कर रहा था** ।

उनकी प्रार्थना पहल के बाद पहले सीज़न में, **ज़मीन ने जवाब दिया** । बारिश फिर से लौट आई। कीट कम हो गए। सब्ज़ियाँ कई गुना बढ़ गईं। दूसरे किसानों ने उनके कसावा और तारो की हरी-भरी फसलें देखीं। वे पूछने आए, "आप कौन सी खाद इस्तेमाल कर रहे हैं?"

टेपा ने मुस्कुराते हुए उत्तर दिया:

"जो कुछ यहोवा ने मुझे दिया, मैंने उसे धन्य माना, और जो कुछ मैंने यहोवा को दिया, उसने उसे धन्य माना।"

जल्द ही, वह दूसरों को टिकाऊ खेती और शास्त्र-आधारित प्रबंधन में मार्गदर्शन देने लगा। **उसका खेत न केवल भोजन के लिए बल्कि**

आस्था के लिए भी एक पुनरुद्धार केंद्र बन गया । स्थानीय पादरियों ने आउटरीच कार्यक्रमों के लिए उसके साथ भागीदारी की। भूमि का एक टुकड़ा राज्य के विकास के लिए एक मंच बन गया।

कहानी 2: सिंगापुर – मूक प्रायोजक

डैनियल सिंगापुर में एक उच्च-स्तरीय लॉजिस्टिक्स उद्यमी था। सभी खातों के अनुसार, वह सफल था - लक्जरी कार, बोर्डरूम सौदे, अंतर्राष्ट्रीय यात्रा। लेकिन जो बात ज़्यादातर लोगों को नहीं पता थी वह थी **यहोवा के साथ उसकी शांत वाचा** : उसके सभी मुनाफे का 20% मिशन, अनाथालय, विधवाओं और एशिया और अफ्रीका के आसपास के सुसमाचार प्रचार में जाता था।

उन्होंने कभी सार्वजनिक रूप से कोई बयान नहीं दिया। किसी भी पट्टिका पर उनका नाम नहीं लिखा गया। लेकिन यहोवा ने यह सब देखा।

वैश्विक आर्थिक मंदी के दौरान, जब कई लॉजिस्टिक्स फर्में ध्वस्त हो गईं, तो **उनके व्यवसाय को अलौकिक रूप से संरक्षित किया गया** । जिन आपूर्तिकर्ताओं को कीमतें बढ़ानी चाहिए थीं , **उन्होंने मदद करने की "भावना" का हवाला देते हुए कीमतें कम कर दीं** । एक दिन, **एक अनचाहा सरकारी अनुदान** उनके इनबॉक्स में आ गया। अधिकारी ने कहा, "हमने आपको आपकी कंपनी के मूल्यों के कारण चुना है।"

जब उनके एकाउंटेंट ने उनसे पूछा कि क्या वे मंदी के दौरान भी दान देंगे, तो डैनियल ने कहा:

"जब तुम यहोवा का भण्डार लेकर चलोगे, तो तुम्हारा अपना भण्डार कभी नहीं सूखेगा।"

उनका दान कई गुना बढ़ गया। म्यांमार में चर्च बनाए गए। तस्करी से बचाई गई लड़कियों को नया भविष्य दिया गया। **उनके अदृश्य बीज महाद्वीपों में दृश्यमान फसल बन गए।**

भक्तिपूर्ण अंतर्दृष्टि

यहोवा धन संचय करने वालों को आशीर्वाद नहीं देता - वह **राज्य के प्रबंधकों को आशीर्वाद देता है** । जब आप अपने काम, क्षेत्र या व्यवसाय को उसकी आवाज़ के साथ जोड़ते हैं, तो **वह आशीर्वाद देता है** । न केवल छोटी बूँदें - बल्कि दिव्य निर्देश जो आपके हाथ में जो कुछ है उसे बढ़ाता है।

चाहे आप कीचड़ से सने जूते पहनें या तीखे सूट, सिद्धांत एक ही है:

यहोवा का आदर करो, और वह तुम्हारे भण्डार को भर देगा।

दैनिक घोषणा

मेरी भूमि धन्य है। मेरा परिश्रम बढ़ता है। मैं वाचा की बहुतायत में चलता हूँ। यहोवा मेरे भण्डार को भरता है, और मेरे हाथ उदारता से बहते हैं। मैं राज्य की सम्पत्ति का एक वफ़ादार भण्डारी हूँ।

प्रार्थना

यहोवा, मैं अपना खेत, अपना वित्त और अपने हाथ आपको समर्पित करता हूँ। मैं जो कुछ भी प्रबंधित करता हूँ, वह सब आपकी आज्ञा के अधीन हो। मुझे खुशी से देना और ईमानदारी से नेतृत्व करना सिखाएँ। मेरा आशीर्वाद दूसरों के लिए जीवन रेखा बन जाए। याहशुआ के नाम पर, आमीन।

आज्ञाकारिता कार्रवाई कदम

आज अपना व्यवसाय, नौकरी या ज़मीन समर्पित करें - उसके लिए ऊँची आवाज़ में प्रार्थना करें और यदि संभव हो तो उसे तेल से अभिषेक करें।

आज ही एक बीज बोएँ - किसी व्यक्ति, सेवकाई या मिशन में। अपनी उदारता का नेतृत्व आत्मा को करने दें।

जर्नल प्रॉम्प्ट

- मेरे कार्य या व्यवसाय का कौन सा क्षेत्र मैंने अभी तक यहोवा के सामने समर्पित नहीं किया है?
- आज जो मेरे हाथों में है, उसके बारे में मैं जीवन और आशीष कैसे बोल सकता हूँ?
- यहोवा मुझसे किसी और की कौन सी विशेष ज़रूरत पूरी करने को कह रहा है?

दिन 21: बढ़ते प्रभाव और फलदायी श्रम का आशीर्वाद

एशिया – इंडोनेशिया | दक्षिण कोरिया
भूमिका फोकस: नवप्रवर्तक, शिल्पकार, उद्यमी, स्थानीय व्यापारी

इंजील

व्यवस्थाविवरण 28:13
"यहोवा तुझे सिर बनाएगा, पूंछ नहीं; और तू सदैव ऊपर रहेगा, और कभी नीचे नहीं रहेगा, यदि तू अपने परमेश्वर यहोवा की आज्ञाओं को मानेगा, जो मैं आज तुझे सुनाता हूं।"

व्यवस्थाविवरण 28:8
"यहोवा तेरे खलिहानों पर और जितने काम तू करेगा उन सभों पर आशीष देगा।"

कहानी 1: इंडोनेशिया - मछुआरे का विनम्र नवाचार

एरी उस जगह रहते थे जहाँ मछली पकड़ना पीढ़ियों से जीवित रहने की रीढ़ रहा है। लेकिन ज्वार बदल गया था - सचमुच। हर साल, उसकी पकड़ कम होती गई, जबकि प्रदूषण और अत्यधिक मछली पकड़ने से पानी तबाह हो गया। उनके कई दोस्त अवैध तरीकों का सहारा लेने लगे या शहर चले गए।

लेकिन एरी ने अपने गांव के लिए कुछ क्रांतिकारी काम किया: **उसने प्रार्थना करना शुरू कर दिया।**

अपने जाल डालने से पहले, तड़के, एरी ने भजन संहिता और व्यवस्थाविवरण 28 पढ़ा। एक सुबह, विश्राम के सब्त के सिद्धांत पर ध्यान करते समय, उसे एक रहस्योद्घाटन हुआ:

"यदि यहोवा ने भूमि को विश्राम दिया, तो क्या समुद्र को भी विश्राम की आवश्यकता होगी?"

उन्होंने अपना तरीका बदला-छह दिन मछली पकड़ना और एक दिन आराम करना। उन्होंने मछलियों के प्रवास का अध्ययन किया, बुद्धि के लिए प्रार्थना की और कचरे को कम करने के लिए फेंके गए नारियल के रेशों का उपयोग करके नए जाल बनाए। उनके पड़ोसी हंसते थे।

लेकिन एक सीज़न में, **उसकी पकड़ तीन गुनी हो गई** । जबकि अन्य लोग रुझानों का पीछा करते रहे, एरी ने वचन का पालन किया।

बात फैल गई। मत्स्य पालन एजेंसियों ने दौरा किया। उन्हें जकार्ता में **अपने "पर्यावरण-बाइबिल" मॉडल को साझा करने के लिए आमंत्रित किया गया था** । आखिरकार, वे संधारणीय मछली पकड़ने पर राष्ट्रीय सलाहकार बन गए। एरी - जो कभी अदृश्य थे - अब **राष्ट्रीय नीति को प्रभावित कर रहे हैं** ।

आज्ञाकारिता ने उसे सिर बनाया, पूंछ नहीं।

कहानी 2: दक्षिण कोरिया - सिलाई करने वाली महिला सीईओ बनी

मी-यंग ने अपनी यात्रा शहर के नीचे शुरू की - सियोल के एक नम तहखाने के कमरे में। अपने पति द्वारा परिवार को छोड़ने के बाद, उन्होंने स्थानीय स्ट्रीट वेंडरों के लिए रात में कपड़े सिलते हुए दो बेटों का पालन-पोषण किया।

उसकी आय चावल के लिए मुश्किल से पर्याप्त थी, लेकिन **मी-यंग ने ईमानदारी से दशमांश देते हुए** घोषणा की:

"यदि मैं यहोवा का थोड़ा भी आदर करूंगा, तो वह उसे आशीष देगा।"

जब वह बिजली का खर्च नहीं उठा पाती थी, तो वह मोमबत्ती की रोशनी में सिलाई करती थी। हर सुबह, वह अपने कपड़े और हाथों पर प्रार्थना करती थी: *"हे प्रभु, आज मैं जो काम कर रही हूँ, उसे आशीर्वाद दें।"*

अपने कर्मचारियों का शोषण न करने की कसम खाई , भले ही इसके लिए उसे भारी कीमत चुकानी पड़े।

जब फैशन जगत ने सब्बाथ का सम्मान करने के लिए उनका मजाक उड़ाया, तब भी उन्होंने आराम किया।

और भगवान ने उसकी आज्ञाकारिता का सम्मान किया।
पाँच साल के भीतर, मी-यंग एक असली कार्यशाला में चली गई। एक दशक बाद, उसका **ब्रांड जापान और यूरोप में लॉन्च हुआ** , जिसे स्थिरता और अखंडता के लिए मनाया गया।

अब वह किंगडम उद्यमिता में अन्य महिलाओं को मार्गदर्शन देती हैं , और कहती हैं:

"जब यहोवा तुम्हें ऊंचा करेगा, तो कोई भी उद्योग द्वार तुम्हें रोक नहीं सकेगा।"

भक्तिपूर्ण अंतर्दृष्टि

"सिर होना और पूंछ नहीं" होना एक पद से कहीं अधिक है - यह **आज्ञाकारिता में निहित प्रभाव के बारे में है** । यहोवा **विश्वासयोग्य परिश्रम को आशीर्वाद देता है** , खासकर जब यह अदृश्य और अप्रतिष्ठित हो। जब हम अपनी आदतों, रचनात्मकता और नैतिकता को उसके तरीकों के साथ जोड़ते हैं, तो **हम बिना प्रयास किए आगे बढ़ते हैं** ।

प्रभाव छीना नहीं जाता - यह परमेश्वर द्वारा उन लोगों को प्रदान किया जाता है जिन पर वह भरोसा करता है।

दैनिक घोषणा

मैं सिर हूँ, पूंछ नहीं। यहोवा मुझे महत्वाकांक्षा से नहीं, आज्ञाकारिता से आगे बढ़ाता है। मैं जिस किसी काम में हाथ लगाता हूँ, वह उसे आशीर्वाद देता है। मेरा परिश्रम बढ़ता है। मैं उसकी महिमा के लिए उठता हूँ।

प्रार्थना

प्रभु यहोवा, मुझे प्रसिद्धि के लिए नहीं, बल्कि वफ़ादार सेवा के लिए आगे बढ़ाओ। मेरे हाथों से वह निर्माण करो जो तुम्हारा सम्मान करे। मुझे स्वर्ग से नवाचार सिखाओ। मैं जो बनाऊँ उसे आशीर्वाद दो, और वह राष्ट्रों को आशीर्वाद दे। याहशुआ के नाम पर, आमीन।

आज्ञाकारिता कार्रवाई कदम

- **विचार करें** जहाँ आप अनदेखा या अनदेखा महसूस करते हैं। प्रार्थना में इसे परमेश्वर के सामने लाएँ।
- अपने काम, व्यवसाय या शिल्प में रचनात्मक सुधार के लिए **परमेश्वर से प्रार्थना करें । जो भी संकेत या विचार वह दे उसे लिख लें और उस पर अमल करें।**

जर्नल प्रॉम्प्ट

- यहोवा ने मेरे हाथों में क्या रखा है जिसे मैं अनदेखा कर रहा हूँ?
- मैं आज्ञापालन के बजाय समझौता करने के लिए कहाँ प्रवृत्त होता हूँ?
- मैं अपने काम या कौशल के माध्यम से दूसरों की अधिक गहराई से सेवा कैसे कर सकता हूँ?
- यहोवा मुझे नेतृत्व या नवाचार में आगे बढ़ने के लिए कहां बुला रहा है?

दिन 22: दिव्य दिशा और विशिष्टता का आशीर्वाद

यूरोप – स्विटजरलैंड | नॉर्वे
भूमिका फोकस: उद्यमी, अधिकारी, वित्त पेशेवर, नैतिक नेता

धर्मशास्त्र फोकस

व्यवस्थाविवरण 28:9 **एएमपी**
"यदि तुम अपने परमेश्वर यहोवा की आज्ञाओं को मानोगे और उसके मार्गों पर चलोगे [अर्थात, प्रत्येक दिन अपना जीवन जियो], तो यहोवा तुम्हें अपने पवित्र लोगों के रूप में स्थापित करेगा [खुद के लिए अलग किया गया], जैसा कि उसने तुमसे शपथ खाई है।"

व्यवस्थाविवरण 28:9
"यदि तुम अपने परमेश्वर यहोवा की आज्ञाओं को मानोगे और उसके मार्गों पर चलोगे, तो यहोवा अपनी शपथ के अनुसार तुम्हें अपनी पवित्र प्रजा करके स्थिर करेगा ।"

कहानी 1: स्विटजरलैंड - एक टेक उद्यमी का बदलाव

सोफिया ने ज्यूरिख में एक अत्याधुनिक आर्टिफिशियल इंटेलिजेंस कंपनी बनाई थी जो पूर्वानुमानित निदान पर केंद्रित थी। कुछ समय के लिए, उनका स्टार्टअप बहुत आगे बढ़ गया - प्रमुख उद्यम पूंजी द्वारा वित्त पोषित और अंतरराष्ट्रीय पत्रिकाओं में प्रशंसा की गई।

लेकिन जैसे-जैसे बाजार में प्रतिस्पर्धा बढ़ती गई, उनके बोर्ड ने मांग की कि वे अपने AI का ज़्यादा "लाभदायक" इस्तेमाल करें - खास तौर पर विज्ञापन हेरफेर और उपयोगकर्ता डेटा ट्रैकिंग में। अंदर ही अंदर, सोफिया जानती थी कि यह उसकी नैतिकता और यहोवा के साथ उसकी वाचा दोनों का उल्लंघन है।

इसलिए, वह शोर से दूर चली गई। उसने **उपवास किया, प्रार्थना की** , और कई रातें व्यवस्थाविवरण 28 और यूहन्ना 10:27 पर ध्यान करते हुए बिताईं - *"मेरी भेड़ें मेरी आवाज़ सुनती हैं।"*

तीसरे दिन, उन्हें एक वैश्विक स्वास्थ्य जांच उपकरण का सपना आया जो गुमनाम डेटा का उपयोग करके रोग की प्रवृत्ति का पहले ही पता लगा सकता है। कोई हेरफेर नहीं, कोई नैतिक समझौता नहीं।

उन्होंने यह विचार पेश किया और जब कई भागीदार पीछे हट गए, तो एक एंजेल निवेशक उनके साथ खड़ा रहा। एक साल के भीतर, उनकी कंपनी ने **" लाइटस्कैन " लॉन्च किया** , जो एक एआई-संचालित प्रणाली है जिसने हज़ारों क्लीनिकों को वंचित क्षेत्रों में बीमारी के शुरुआती लक्षणों का पता लगाने में मदद की।

आज, सोफिया अपने मुनाफे का इस्तेमाल **दक्षिण एशिया और अफ्रीका में मिशन अस्पतालों को प्रायोजित करने के लिए करती है** । उसका व्यवसाय न केवल सम्मानित है - बल्कि पवित्र भी है।

आज्ञाकारिता ने उसे ईश्वरीय मार्गदर्शन दिया—और राज्य की विशिष्टता भी।

कहानी 2: नॉर्वे – एक अकाउंटेंट की शांत ईमानदारी

ओस्लो में एक सौम्य वित्तीय नियंत्रक **लार्स को संख्याओं से प्यार था - लेकिन सच्चाई से ज़्यादा प्यार था। वह एक बहुराष्ट्रीय फर्म के लिए काम करता था, चुपचाप विशाल खातों को संभालता था। उसके सहकर्मी उसका सम्मान करते थे, हालाँकि बहुत कम लोग उसकी आंतरिक शक्ति के स्रोत को जानते थे - उसकी सुबह की भक्ति और यहोवा के साथ अटूट चलना।**

एक दिन, एक उच्च-दबाव वाले ऑडिट के दौरान, उनके मैनेजर ने उन्हें एक फ़ाइल दी और फुसफुसाते हुए कहा, *"इसे एडजस्ट करो। बस थोड़ा सा। हर कोई ऐसा करता है।"*

लार्स ने मना कर दिया। विनम्रता से। दृढ़ता से।
उन्होंने नीतिवचन 10:9 का हवाला दिया: *"जो खराई से चलता है, वह सुरक्षित चलता है।"*

इसका नतीजा बहुत जल्दी हुआ। उनका मज़ाक उड़ाया गया, उन्हें किनारे कर दिया गया और आखिरकार पदावनत कर दिया गया। फिर भी, वे सुबह जल्दी आते रहे, बेहतरीन काम करते रहे और अपने दुश्मनों के लिए प्रार्थना करते रहे।

महीनों बाद सच्चाई सामने आई। एक अंतरराष्ट्रीय जांच में बड़े पैमाने पर कदाचार का खुलासा हुआ। जिन लोगों ने समझौता किया था, उन्हें बर्खास्त कर दिया गया।

और लार्स? **उसे एक साल में दो बार पदोन्नति दी गई** और नए कर्मचारियों को नैतिक आचरण में प्रशिक्षण देने का जिम्मा सौंपा गया।

जिसे कभी कमजोरी माना जाता था, वही उसकी सबसे बड़ी ताकत बन गई।

यहोवा ने उसकी आज्ञाकारिता का उपयोग न केवल उसकी रक्षा करने के लिए किया - बल्कि **उसे सत्य के लिए आतुर व्यवस्था में एक प्रकाश के रूप में स्थापित करने के लिए भी किया** ।

भक्तिपूर्ण अंतर्दृष्टि

ईश्वरीय निर्देशन का आशीर्वाद हमेशा स्पॉटलाइट से शुरू नहीं होता है - यह अक्सर **आज्ञाकारिता के निजी निर्णयों से शुरू होता है। परमेश्वर सिर्फ़ कदमों का निर्देशन नहीं करता; वह लोगों को स्थापित करता है। जब आप उसके वचन के अनुरूप चलते हैं, तो आपका जीवन** अस्त-व्यस्त व्यवस्थाओं में **स्वर्ग के आदेश का एक संकेत** बन जाता है ।

सच्ची पदोन्नति पूर्व या पश्चिम से नहीं होती है - यह यहोवा से आती है जो आपकी **वफादारी को गुप्त में देखता है** और इसे सार्वजनिक रूप से पुरस्कृत करता है (भजन 75: 6-7)।

दैनिक घोषणा

मैं यहोवा के उद्देश्यों के लिए अलग किया गया हूँ। मैं ईश्वरीय निर्देशन में चलता हूँ, सांसारिक दबाव में नहीं। मेरे चुनाव स्वर्ग को दर्शाते हैं। मैं ईमानदारी रखता हूँ, और यहोवा मुझे अपना बनाता है।

प्रार्थना

पिता यहोवा, जब समझौता मुझे घेर लेता है, तो मुझे आपके मार्गों पर साहसपूर्वक चलने में मदद करें। मैं भीड़ के ऊपर आपकी आवाज़ सुन सकता हूँ। मुझे स्पष्टता के साथ मार्गदर्शन करें, मुझे सच्चाई में स्थिर रखें, और मुझे आपकी महिमा के लिए अलग पहचान दें। याहशुआ के नाम में, आमीन।

आज्ञाकारिता कार्रवाई कदम

- **विचार करें** जहां आप अनुरूपता या समझौता करने के लिए प्रलोभित हुए हों।
- **अपनी आज्ञाकारिता की पुनः पुष्टि करें** और दूसरों में घुलने-मिलने के बजाय अलग दिखने के साहस के लिए प्रार्थना करें।
- आज किसी महत्वपूर्ण निर्णय या परिवर्तन के क्षेत्र में मार्गदर्शन के लिए यहोवा से प्रार्थना करते हुए 10 **मिनट का समय निकालें।**

जर्नल प्रॉम्प्ट

- मैंने अपनी मान्यताओं से कहाँ थोड़ा भी समझौता किया है?
- मेरे जीवन के किस क्षेत्र में यहोवा मुझे अलग दिखने के लिए बुला रहा है, न कि घुल-मिल जाने के लिए?
- मैं किस ईश्वरीय निर्देश का पालन करने में हिचकिचा रहा हूँ?
- मैं मार्गदर्शन के लिए यहोवा पर अधिक भरोसा कैसे कर सकता हूँ, भले ही मार्ग लोकप्रिय न हो?

दिन 23: खुले दरवाज़ों का आशीर्वाद और पीढ़ीगत प्रभाव

घाना | जमैका
भूमिका फोकस: विधवाएँ, माता-पिता, देखभाल करने वाले, विरासत बिल्डर्स, छोटे व्यवसाय के मालिक

धर्मशास्त्र फोकस

व्यवस्थाविवरण 28:12 NLT
“यहोवा अपने उत्तम भण्डार आकाश को खोलकर तुम्हारे हाथ के सारे कामों को आशीष देगा।”

व्यवस्थाविवरण 28:4
“तेरे बच्चे और तेरी फसलें धन्य होंगी।”

घाना से कहानी – एक विधवा का अटूट विश्वास

अम्मा कुमासी में अपने छोटे से प्रोविजन स्टोर के काउंटर के पीछे अकेली खड़ी थीं। उनके पति की अचानक मृत्यु हो गई थी, जिसके कारण उनके पास चार छोटे बच्चे और बढ़ते बिल थे। उनकी अलमारियों में सामान कम था, उनकी आय का अनुमान नहीं था। लेकिन उनके पास जो था, वह उन्होंने दे दिया।

हर रविवार को अम्मा अपनी थोड़ी-सी कमाई में से दसवाँ हिस्सा देती थीं - भले ही इसका मतलब रात के खाने में सिर्फ़ दलिया खाना हो। उनके पड़ोसी इसे मूर्खता कहते थे। वह इसे आज्ञाकारिता कहती थीं।

हर सुबह, वह अपने बच्चों के सिर पर हाथ रखती और उन्हें पवित्र शास्त्र से आशीर्वाद देती। वह भोर की शांति में व्यवस्थाविवरण 28 को जोर से पढ़ती। जैसे-जैसे महीने बीतते गए, कुछ बदलाव होने लगे।

उनकी इस निरंतरता ने एक स्थानीय ग्राहक का ध्यान आकर्षित किया - जो एक अंतरराष्ट्रीय एनजीओ में कर्मचारी था। एक छोटी सी बातचीत के बाद, एनजीओ ने **अम्मा के साथ साझेदारी करके उनके स्टोर को सामुदायिक आपूर्ति केंद्र में विस्तारित करने की पेशकश की** । बदले में, उन्होंने उनके बच्चों की शिक्षा को प्रायोजित किया, उन्हें STEM कार्यक्रमों और मेंटरशिप क्लबों में नामांकित किया।

आज अम्मा का सबसे बड़ा बेटा इंजीनियरिंग की पढ़ाई कर रहा है। उनकी दुकान में अब तीन अन्य विधवाएँ भी काम करती हैं। यह सब इसलिए क्योंकि उन्होंने **आज्ञाकारिता के ज़रिए अपना स्वर्ग खुला रखा** ।

"दरवाजे खुल गए क्योंकि उसका विश्वास कभी बंद नहीं हुआ।"

जमैका की कहानी – एक मछुआरे की विरासत

एलिंजा पोर्ट एंटोनियो में समुद्र के किनारे एक साधारण जीवन जी रहे थे। उनके पास कोई डिग्री नहीं थी, कोई धन नहीं था, लेकिन उनके पास

कुछ शक्तिशाली था: **ईश्वर के साथ एक वाचा और अपने परिवार के लिए गहरा प्यार** ।

हर सुबह जाल डालने से पहले एलिय्याह अपने बच्चों को प्रार्थना के लिए इकट्ठा करता था। उसने उन्हें शास्त्र, ईमानदारी और प्रार्थना का महत्व सिखाया। एक ऐसे शहर में जहाँ कई मछुआरे लाभ के लिए भ्रष्ट सिंडिकेट में शामिल हो गए, एलिय्याह ने मना कर दिया।

ईमानदार जाल और ईमानदार हाथों को आशीर्वाद देगा ।

साल बीत गए। एक बेटा एक जीवंत **पादरी बन गया** , जो युवाओं को गिरोहों से दूर रखता था। दूसरा **समुद्री जीवविज्ञानी बन गया** , जिसने कैरिबियन में स्थायी मछली पकड़ने के लिए राष्ट्रीय नीतियों को प्रभावित किया। एलिजा का नाम जाना जाने लगा - धन के लिए नहीं, बल्कि धार्मिकता के लिए।

उनकी शांत आज्ञाकारिता ने एक शानदार विरासत लिखी।

भक्तिपूर्ण अंतर्दृष्टि

खुले दरवाज़े हमेशा इंसानी कब्ज़ों पर नहीं चलते। जब आप आज्ञाकारिता में चलते हैं, तो यहोवा **स्वर्ग में भंडार खोल देता है** , न सिर्फ़ आपकी ज़रूरतों के लिए, बल्कि आपकी विरासत के लिए भी।

आज विश्वास का एक कार्य कल पीढ़ियों के बीच सेतु का निर्माण कर सकता है।

कभी-कभी भगवान तूफान को नहीं बदलते - वे उसमें रोपे गए व्यक्ति की जड़ प्रणाली को मजबूत करते हैं। अम्मा और एलिजा के पास बहुत कुछ नहीं था, लेकिन जो कुछ उनके पास था, उन्होंने **उसे समर्पित कर दिया** । और स्वर्ग ने जवाब दिया।

आज आज्ञाकारिता उस भविष्य के लिए आशीष लिखती है जिसे आप अभी तक नहीं देख सकते।

दैनिक घोषणा

मैं खुले आसमान के नीचे चलता हूँ। यहोवा मेरे हाथों के सभी कामों को आशीर्वाद देता है। मेरे बच्चे—प्राकृतिक और आध्यात्मिक—ईश्वरीय अनुग्रह से आच्छादित हैं। मैं आज्ञाकारिता और अतिप्रवाह की विरासत छोड़ता हूँ।

प्रार्थना

स्वर्गीय पिता, न केवल मेरे हाथों के श्रम को बल्कि मेरे जीवन के फल को भी आशीर्वाद दें - मेरे बच्चों, शिष्यों और जिनकी मैं सेवा करता हूँ। मेरी आज की आज्ञाकारिता कल की पीढ़ियों के लिए द्वार खोले। मेरा नाम धार्मिकता में स्थापित करें, और मेरे जीवन के माध्यम से विरासत लिखें। याहशुआ के नाम में, आमीन।

आज्ञाकारिता कार्रवाई कदम

एक विशेष प्रार्थना या घोषणा लिखें जिसे आप अपने बच्चों, शिष्यों या आध्यात्मिक बेटे-बेटियों के लिए प्रतिदिन बोलना चाहते हैं।

एक दरवाज़ा पहचानें जिस पर आप दस्तक दे रहे हैं - उसे विश्वास के साथ यहोवा के सामने समर्पित करें और संघर्ष करना बंद करें। स्वर्ग से समय और अनुग्रह के लिए प्रार्थना करें।

जर्नल प्रॉम्प्ट

- मैं अपनी दैनिक आज्ञाकारिता से वर्तमान में कौन सी विरासत का निर्माण कर रहा हूँ?
- मैं कौन सी आशीषें अगली पीढ़ी तक पहुँचते देखना चाहता हूँ?
- क्या मैं छोटी चीज़ों के प्रति वफादार रहा हूँ - क्या मैंने बड़े दरवाज़े खोलने के लिए परमेश्वर पर भरोसा किया है?

दिन 24: स्थिरता और आनंदपूर्ण प्रावधान का आशीर्वाद

कनाडा | अर्जेंटीना

भूमिका फोकस: स्वास्थ्य सेवा कर्मी, उद्यमी, आस्था में दृढ़ विश्वास रखने वाले दैनिक विश्वासी

धर्मशास्त्र फोकस

व्यवस्थाविवरण 28:6
"तू धन्य होगा जब तू भीतर आएगा और धन्य होगा जब तू बाहर जाएगा।"

व्यवस्थाविवरण 28:12 **एएमपी**
"यहोवा तुम्हारे लिये अपने उत्तम भण्डार अर्थात् आकाश को खोलकर तुम्हारी भूमि पर समय पर वर्षा करेगा, और तुम्हारे सारे कामों पर आशीष देगा।"

कनाडा से कहानी – संकट में एक नर्स की शांति

वैश्विक महामारी के चरम के दौरान, टोरंटो में ट्रॉमा नर्स **ग्रेस ने** हर शिफ्ट में संकट का भार महसूस किया। अलार्म बजने लगे, परिवार रोने लगे, और कर्मचारी भावनात्मक और शारीरिक रूप से थकने लगे। लेकिन ग्रेस के पास कुछ अलग था।

अपने दिल में अराजकता को घुसने देने के बजाय, वह यहोवा की उपस्थिति को गलियारों में ले आई। हर शाम अपनी शिफ्ट से पहले, वह अपने जूतों पर तेल लगाती और फुसफुसाती, *"जहाँ मैं जाऊँ, वहाँ शांति हो।"*

वह हर कमरे के बाहर रुकती और कहती: *"यहाँ उपचार को आराम दें।"* उसकी देखभाल में मरीज़ अनुमान से ज़्यादा तेज़ी से ठीक होने लगे। एक रात, एक सहकर्मी ने चुपचाप पूछा, "क्या आप मेरी बेटी के लिए प्रार्थना कर सकते हैं?"

वह एक अनुरोध आईसीयू टीम में उपचारात्मक प्रार्थना की लहर में बदल गया। ग्रेस न केवल अपने कौशल के लिए, बल्कि **दबाव में अपनी स्थिरता और शांति के लिए भी जानी जाती थी। यहां तक कि जब उसके चारों ओर लहरें उठती थीं, तब भी वह मसीह की शांति को लेकर** अंदर-बाहर आती-जाती रहती थी।

उसकी आज्ञाकारिता से न केवल बीमारी ठीक हुई, बल्कि वातावरण भी बदल गया।

अर्जेंटीना से कहानी – एक स्ट्रीट वेंडर की फसल

लुसियाना ब्यूनस आयर्स के धूल भरे फुटपाथों पर हाथ से बनी मोमबत्तियाँ बेचती थी। बिना किसी डिग्री या डिजिटल कौशल के, उसकी दुकान से मुश्किल से किराया निकल पाता था। एक विशेष रूप से शुष्क मौसम में - आर्थिक और आध्यात्मिक रूप से - लुसियाना को *प्रथम फलों पर एक उपदेश याद आया*।

कांपते हुए विश्वास के साथ, उसने **हर हफ़्ते अपनी पहली बिक्री** स्थानीय मिशन आउटरीच को समर्थन देने के लिए पेश करना शुरू कर दिया। कभी-कभी यह सिर्फ़ एक मोमबत्ती होती थी। लेकिन फिर भी वह इसे दान कर देती थी।

सप्ताह महीनों में बदल गए। एक दिन, एक पर्यटक ब्लॉगर वहाँ से गुज़रा और न केवल उसकी मोमबत्तियों की सुंदरता से बल्कि उसके चेहरे पर शांति देखकर भी प्रभावित हुआ। उन्होंने उसकी कहानी ऑनलाइन शेयर की।

यह वायरल हो गया।

एक साल के भीतर, लुसियाना ने अपनी पहली **ईंट-और-मोर्टार की दुकान खोली** , **कमज़ोर समुदायों की 15 महिलाओं को काम पर रखा** , और **एकल माताओं के लिए छात्रवृत्ति का वित्तपोषण करना शुरू किया** । उसकी आज्ञाकारिता ने न केवल उसके वित्त को बदल दिया - इसने **भाग्य को बदल दिया** ।

जब उसने अपनी छोटी सी चीज से परमेश्वर का सम्मान किया, तो उसने स्वर्ग के द्वार उसके लिए पर्याप्त से अधिक खोल दिए।

भक्तिपूर्ण अंतर्दृष्टि

आशीर्वाद केवल बहुतायत के बारे में नहीं है - यह **स्थिरता के बारे में** है। चट्टान पर बना घर तूफानों में नहीं हिलता। चाहे आप अस्पताल में प्रवेश कर रहे हों या दिन की आखिरी बिक्री के साथ किसी गली से बाहर निकल रहे हों, यहोवा की उपस्थिति **आपके कदमों को सुरक्षित रखती है** ।

और जब हम उसकी आज्ञा का पालन करते हैं—यहां तक कि सबसे छोटे कार्यों में भी—तो वह खुशी-खुशी अपने स्वर्गीय भण्डार को खोल देता है।

आज्ञाकारिता के बाद प्रावधान आता है, और उपस्थिति के बाद शांति आती है।

दैनिक घोषणा

मैं हर जगह धन्य हूँ जहाँ मैं कदम रखता हूँ - अंदर आते हुए और बाहर जाते हुए। यहोवा मेरे ऊपर अपना अच्छा खजाना खोलता है। मेरे हाथों का सारा काम धन्य है। उसकी उपस्थिति मुझे स्थिर करती है। उसका आनंद मेरे प्रावधान को बढ़ावा देता है।

प्रार्थना

प्रभु, अस्थिर समय में मेरी स्थिरता बनने के लिए आपका धन्यवाद। मेरे हाथों के काम पर वर्षा करें और अपनी खुशी को मुझमें बहने दें। चाहे अस्पताल में हो, घर में हो या बाज़ार में, मैं शांति लेकर चलूँ। मैं जो विश्वास में बोता हूँ, उसे आशीर्वाद दें। इसे मेरी कल्पना से भी बढ़कर बढ़ाएँ। याहशुआ के नाम पर, आमीन।

आज्ञाकारिता कार्रवाई कदम

- **का एक खुशी का बीज बोएँ** । देने के लिए बहुतायत का इंतज़ार न करें।

- जब आप अपने **कार्यस्थल, घर या मंत्रालय में प्रवेश करते हैं** , तो ज़ोर से घोषणा करें: *"शांति मेरे आगे चलती है। मैं परमेश्वर की उपस्थिति को साथ लेकर चलता हूँ।"*

जर्नल प्रॉम्प्ट

- मुझे अपने दैनिक जीवन में परमेश्वर की स्थिर शांति की आवश्यकता कहां है?
- क्या मैं अपनी छोटी-छोटी चीज़ों को देने से डरता हूँ? मेरी कहानी में आज्ञाकारिता से क्या खुल सकता है?
- मैं जिस कमरे में प्रवेश करता हूँ, वहाँ कैसा वातावरण लेकर जाता हूँ?

दिन 25: परामर्श के लिए बुलाया गया

अफ्रीका – केन्या | घाना
भूमिका फोकस: चिकित्सक, परामर्शदाता, सामाजिक कार्यकर्ता, बाजार व्यापारी, छोटे व्यवसाय के मालिक और विक्रेता थीम: शांत प्रभाव, सार्वजनिक प्रभाव

धर्मशास्त्र फोकस

व्यवस्थाविवरण 28:9 **एएमपी**
"यदि तुम आज्ञाओं को मानोगे... और उसके मार्गों पर चलोगे, तो यहोवा तुम्हें एक पवित्र और अपने लिये अलग किए हुए लोगों के रूप में स्थापित करेगा।"

व्यवस्थाविवरण 28:13
"यदि तुम इन आज्ञाओं को सुनोगे... प्रभु तुम्हें सिर बनाएगा, पूंछ नहीं, और तुम हमेशा शीर्ष पर रहोगे और कभी नीचे नहीं रहोगे।"

घाना की कहानी - टमाटर विक्रेता जिसने पूरे शहर को सिखाया

मकोला मार्केट में **अमा** एक जानी-पहचानी नज़ारा थीं । सूर्योदय से ही, वह अपने टमाटरों को करीने से सजाती थीं, भजन गाती थीं और अपनी दुकान को ज़ोर से आशीर्वाद देती थीं। जबकि दूसरे लोग कीमतें बढ़ा देते थे या वज़न में हेराफेरी करते थे, अमा ने इसके विपरीत किया - **वह**

हर खरीदार के बैग में मुस्कुराहट के साथ अतिरिक्त टमाटर डालती थीं।

कई लोगों ने उसकी उदारता का मज़ाक उड़ाया: *"बाइबल की ऐसी मानसिकता के साथ तुम गरीब ही रहोगे।"*

लेकिन अम्मा गाती रहीं।

एक दोपहर, एक महिला उसके स्टॉल पर आई, कुछ टमाटर खरीदे, और चुपचाप देखती रही। हफ़्तों बाद, वह महिला वापस लौटी - **ग्राहक के रूप में नहीं, बल्कि शहर के सरकारी निरीक्षक के रूप में** ।

वह बाज़ार के विक्रेताओं की नैतिकता का सर्वेक्षण कर रही थी और अमा की ईमानदारी और खुशमिजाज़ भावना से बहुत प्रभावित हुई। रिपोर्ट सार्वजनिक हो गई।

अमा को **अन्य व्यापारियों को निष्पक्ष व्यवहार में प्रशिक्षित करने के लिए आमंत्रित किया गया था** , और उनका स्टॉल मार्गदर्शन, प्रार्थना और विवाद समाधान के लिए एक शांत केंद्र बन गया। उन्होंने बाइबिल के प्रबंधन में निहित एक सहकारी बचत समूह भी शुरू किया।

अमा की प्रतिदिन की आज्ञाकारिता ने उसके खलिहान को पवित्रस्थान में बदल दिया, और यहोवा ने उसे बाज़ार के बीचों-बीच मुखिया बना दिया।

केन्या से कहानी – द हीलिंग लिसनर

म्विकाली नैरोबी में एक ट्रॉमा काउंसलर थीं। हर दिन, वह पीड़ित महिलाओं और बच्चों के सामने बैठती थीं, दर्द से भरी कहानियाँ सुनती थीं - दुर्व्यवहार, परित्याग, व्यसन। इससे उन पर बहुत बुरा असर पड़ा। वह अक्सर सत्रों के बाद रोती थीं।

एक दिन, थककर और अपने प्रभाव पर संदेह करते हुए, उसने परमेश्वर को पुकारा। शांति में, उसने महसूस किया कि यहोवा कह रहा है, *"तुम सिर्फ़ सुन नहीं रही हो - तुम मेरे साथ बोझ उठा रही हो।"*

तब से, म्विकाली ने अपनी सुबह की शुरुआत अलग ढंग से की। वह अपनी कुर्सी का तेल लगाती और प्रार्थना करती:

"हे पिता, मेरी उपस्थिति को पवित्र करो। मेरे माध्यम से उपचार प्रवाहित होने दो।"

ग्राहकों ने इस बात पर गौर किया। एक महिला ने कहा, *"आप सिर्फ़ सुनते नहीं हैं। आप मुझे फिर से सांस लेने में मदद करते हैं।"*

म्विकाली के आघात-सूचित, आत्मा-सशक्त दृष्टिकोण ने जल्द ही ध्यान आकर्षित किया। एक राष्ट्रीय ईसाई परिषद ने उन्हें **भावनात्मक उपचार पर पादरियों और नेताओं को प्रशिक्षित करने के लिए आमंत्रित किया। जो मौन सेवा के रूप में शुरू हुआ वह एक राष्ट्रीय उपचार आंदोलन** बन गया ।

यहोवा ने उसकी छिपी हुई आज्ञाकारिता को लेकर उसे हज़ारों लोगों के लिए प्रकाश-स्तंभ बना दिया।

भक्तिपूर्ण अंतर्दृष्टि

पवित्रता का अर्थ केवल पाप से बचना नहीं है - इसका अर्थ है प्रत्येक वार्तालाप, बिक्री और व्यवस्था में परमेश्वर के हृदय को ले जाने के लिए **अलग होना।**

आपको नेतृत्व करने के लिए किसी मंच की आवश्यकता नहीं है। प्रभाव का मतलब ज़ोर से बोलना नहीं है - इसका मतलब है **वफ़ादार** , **सुसंगत** और **ईमानदारी में स्थिर रहना** ।
यहोवा उन लोगों को ऊपर उठाता है जो शांत स्थानों में उसके तरीकों को दर्शाते हैं, और **पदोन्नति पवित्रता का अनुसरण करती है** ।

आप टमाटर की ट्रे या सुनने वाले कान से शुरुआत कर सकते हैं - लेकिन ईश्वर इसे राष्ट्रीय परिवर्तन में बदल सकता है।

दैनिक घोषणा

मैं चंगा करने और सेवा करने के लिए अलग रखा गया हूँ।
मेरी सलाह में यहोवा की करुणा है। मेरा काम साधारण नहीं है - यह अभिषिक्त है। मैं सिर हूँ, पूंछ नहीं। मैं हर बातचीत और लेन-देन में प्रकाश के साथ नेतृत्व करता हूँ।

प्रार्थना

यहोवा, मेरे विचारों, मेरी उपस्थिति और मेरे हाथों को पवित्र करो। मेरी सुनने की क्षमता से उपचार प्रवाहित हो, और मेरे हर शब्द और काम को बुद्धि से आकार मिले। मुझे ऊँचा उठाओ - पहचान के लिए

नहीं, बल्कि अपने उद्देश्य के लिए। मैं जो सरल काम करता हूँ, उनका उपयोग सिस्टम और आत्माओं को प्रभावित करने के लिए करो। याहशुआ के नाम में, आमीन।

आज्ञाकारिता कार्रवाई कदम

आज गहराई से सुनें। किसी की कहानी को ठीक करने की कोशिश किए बिना उसके लिए जगह बनाएं - बस प्यार से मौजूद रहें।

मौलिक ईमानदारी का अभ्यास करें। चाहे बेचना हो, काम करना हो या सलाह देना हो - इसे पारदर्शिता और सम्मान के साथ करें।

जर्नल प्रॉम्प्ट्स

- मैंने अपने दैनिक कार्य की पवित्रता को कहां कम आंका है?
- यहोवा ने मुझमें क्या चंगा किया है जो अब मुझे दूसरों को चंगा करने में मदद करता है?
- परमेश्वर मुझे चुपचाप अपने क्षेत्र को प्रभावित करने के लिए कैसे बुला रहा है?
- इस समय मेरी विशिष्ट भूमिका में "प्रमुख होना" कैसा लगता है?

दिन 26: स्टूडियो में रोशनी, सलाखों के पीछे उम्मीद

ओशिनिया – ऑस्ट्रेलिया | उत्तरी अमेरिका – संयुक्त राज्य अमेरिका
भूमिका फोकस:

मीडिया पेशेवर, प्रसारणकर्ता और सामग्री निर्माता

कैदी, जेल पादरी और पुनः प्रवेश अधिवक्ता
विषय: सीमाओं से परे प्रभाव

धर्मशास्त्र फोकस

व्यवस्थाविवरण 28:13 **एएमपी**
"यहोवा तुझे सिर (नेता) बनाएगा, न कि पूंछ (अनुयायी); और तू ऊपर ही रहेगा, और नीचे नहीं रहेगा, यदि तू सुन और मान..."

व्यवस्थाविवरण 28:10
"तब संसार की सारी जातियाँ यह देख लेंगी कि तुम यहोवा की चुनी हुई जाति हो, और वे तुम्हारा भय मानेंगे।"

ऑस्ट्रेलिया की कहानी - वह एंकर जो पीछे नहीं हटा

चार्लोट सिडनी के प्रसारण परिदृश्य में शीर्ष पर पहुंच गई थी। एक सम्मानित शाम की समाचार एंकर, उसकी आवाज़ ने जनता की राय को आकार दिया। लेकिन एक तनावपूर्ण राजनीतिक घोटाले के दौरान, उसे अपने निर्माताओं से भारी दबाव का सामना करना पड़ा: *सुर्खियों को सनसनीखेज बनाना। जनता में डर पैदा करना। अधिकारियों को नीचा दिखाना।*

इसके बजाय, चार्लोट रुकी और **प्रार्थना की** । "यहोवा," उसने मेकअप रूम में फुसफुसाते हुए कहा, "मेरी रिपोर्ट में आपकी सच्चाई प्रतिबिंबित हो, न कि दुनिया का डर।"

उन्होंने तथ्यों को तो प्रसारित किया, लेकिन कभी भी प्रचार को नहीं। उन्होंने ईमानदारी बनाए रखी, तब भी जब रेटिंग दांव पर लगी हुई थी।

आलोचकों ने उसे "नरम" करार दिया, लेकिन **दर्शकों की संख्या बढ़ती गई** । लोग नाटक के लिए नहीं, बल्कि शांति के लिए इसे देखने लगे। एक प्रतिद्वंद्वी निर्माता ने अंततः कबूल किया, *"जिस तरह से आप सच्चाई को रिपोर्ट करते हैं, उसमें कुछ दिव्यता है।"*

आज, चार्लोट को पत्रकारिता मंचों और युवा सम्मेलनों में बोलने के लिए आमंत्रित किया जाता है। यहाँ तक कि धर्मनिरपेक्ष मंच भी उन्हें "नैतिक एंकर" कहते हैं। शोरगुल से भरी मीडिया की दुनिया में, **वे रोशनी की आवाज़ बन गईं** ।

अमेरिका से कहानी – वह कैदी जिसने पुनः जागृति की चिंगारी जलाई

टेरेंस टेक्सास की जेल में सलाखों के पीछे बैठा था, न केवल शारीरिक रूप से बल्कि भावनात्मक रूप से भी - दुख, क्रोध, पछतावा। बुरे फैसलों के बोझ ने उसे कुचल दिया। एक दिन, वह जेल में बाइबल अध्ययन के लिए भटक गया, उसे यार्ड से छुट्टी के अलावा कुछ भी उम्मीद नहीं थी।

इसके बजाय, **वह यहोवा से मिला** ।

उस रात टेरेंस ने अपना जीवन मसीह को समर्पित कर दिया। उसने न केवल स्वतंत्रता प्राप्त की - बल्कि उसने **इसे दूसरों को देना भी शुरू कर दिया** । उसने साथी कैदियों के साथ प्रार्थना की। उसने पवित्रशास्त्र पढ़ाया। उसने उन लोगों के लिए उपवास किया जिन्हें कोई और याद नहीं करता था।

दो वर्षों में 200 से अधिक लोग विश्वास में आये।

पादरी टेरेंस से प्रार्थना करने के लिए कहने लगे। गार्डों ने पूरे सेल ब्लॉक में व्यवहार में बदलाव देखा। **बाद में उसे जल्दी रिहाई दे दी गई** , किसी अपील के कारण नहीं - बल्कि इसलिए क्योंकि उसकी उपस्थिति अंदर की शांति के लिए अपरिहार्य हो गई थी।

अब वह भूतपूर्व कैदियों के लिए एक पुनर्वास गृह का नेतृत्व करता है। यहोवा ने उसे सिर्फ़ बाहर नहीं निकाला - **उसने उसे ऊपर उठाया** ।

भक्तिपूर्ण अंतर्दृष्टि

प्रभाव स्थान द्वारा सीमित नहीं है - यह आज्ञाकारिता द्वारा सक्रिय होता है। चाहे आप स्टूडियो में बैठें या कोठरी में, जब यहोवा का

प्रकाश आपके माध्यम से बहता है, तो **अंधकार अपना क्षेत्र खो देता है** ।

नेतृत्व करने के लिए आपको दुनिया की सुर्ख़ियों की ज़रूरत नहीं है। जब आप **परमेश्वर के नाम से चिन्हित होते हैं** , तो राष्ट्र भी - सिस्टम, नेटवर्क और कठोर हृदय - ध्यान देते हैं।

आप भूले हुए, कमतर या घेरे हुए महसूस कर सकते हैं - लेकिन **आप नीचे नहीं हैं** । स्वर्ग ने पहले ही घोषित कर दिया है:

आप शीर्ष पर रहेंगे और कभी नीचे नहीं आएंगे।

दैनिक घोषणा

मैं यहोवा के प्रकाश को हर कमरे और भूमिका में ले जाता हूँ।
मैं डेस्क के पीछे या सलाखों के पीछे हो सकता हूँ, लेकिन मैं **नीचे नहीं हूँ** - मैं **प्रभाव के लिए चिह्नित हूँ** ।
मेरी आज्ञाकारिता राय से ज़्यादा ज़ोर से बोलती है।
भगवान मुझे अपनी महिमा के लिए ऊपर उठाते हैं।

प्रार्थना

यहोवा, मेरे मंच का उपयोग करें - चाहे वह बड़ा हो या छोटा - अपनी सच्चाई को दर्शाने के लिए।
मेरी ईमानदारी मेरा माइक्रोफोन और मेरी कहानी एक उपदेश बनने दो।
जब दुनिया मुझे सीमित करने की कोशिश करती है, तो मुझे याद दिलाओ कि तुम मुझे ऊपर उठा रहे हो। मेरे जीवन में चमकते रहो जब

तक कि सबसे कठिन स्थान भी बदल न जाएं। याहशुआ के नाम पर, आमीन।

आज्ञाकारिता कार्रवाई कदम

मीडिया क्रिएटर्स के लिए : आज ही कोई ऐसी सामग्री शेयर करें जो ईश्वर की महिमा करे और ट्रेंड से ज़्यादा सच्चाई को दर्शाए।
मेंटर/मिनिस्टर के लिए : किसी ऐसे व्यक्ति तक पहुँचें जो भावनात्मक, शारीरिक या आध्यात्मिक रूप से फंसा हुआ महसूस करता हो। आशा और प्रार्थना पेश करें।

सभी के लिए : इस सप्ताह अपने स्तर को ऊँचा उठाएँ - निष्ठा से बोलें, ईमानदारी से काम करें, और मसीह का स्पष्ट रूप से प्रतिनिधित्व करें।

जर्नल प्रॉम्प्ट्स

- क्या मेरा *वर्तमान मंच* यहोवा की उपस्थिति को प्रतिबिंबित करता है, या यह जनता के दबाव से प्रभावित है?
- मेरे जीवन का कौन सा क्षेत्र जेल जैसा लगता है? यहोवा **इसे कैसे इस्तेमाल करना चाहेगा, न कि सिर्फ़ हटाना चाहेगा** ?
- आज मेरे प्रभाव क्षेत्र में कौन मेरी आज्ञाकारिता से प्रोत्साहित हो सकता है?

दिन 27: आशा के निर्माता

मध्य पूर्व – जॉर्डन | एशिया – दक्षिण कोरिया
भूमिका फोकस: इंजीनियर, निर्माण श्रमिक और आर्किटेक्ट वरिष्ठ, सेवानिवृत्त और बुजुर्ग

धर्मशास्त्र फोकस

व्यवस्थाविवरण 28:11 **एएमपी**
"यहोवा तुझे बड़ी समृद्धि देगा... उस देश में जिसे देने की शपथ यहोवा ने तेरे पूर्वजों से खाई थी।"

व्यवस्थाविवरण 28:14
"जो आज्ञाएँ मैं आज तुम्हें दे रहा हूँ, उनमें से किसी से भी विमुख न होना... और न ही दूसरे देवताओं की उपासना करना।"

जॉर्डन की कहानी – वह इंजीनियर जिसने नींव के लिए प्रार्थना की

सामी एक सिविल इंजीनियर थे जो जॉर्डन के अम्मान के पास विस्थापित परिवारों के लिए सरकार द्वारा प्रायोजित आवास परियोजना का प्रबंधन कर रहे थे। ब्लूप्रिंट जटिल थे। समय सीमाएँ कम थीं। ज़्यादातर लोगों ने इस काम को सामान्य निर्माण माना।

लेकिन सामी ने इसे अलग नजरिए से देखा।

प्रत्येक निर्माण कार्य से पहले, वह क्रू से पहले पहुंचता, अपने जूते उतारता और नींव पर चलता - **चुपचाप प्रार्थना करता** :

"हे यहोवा, इन घरों को दीवारों से ज़्यादा बना दे। इन्हें शरणस्थल बना दे। इन्हें पवित्र बना दे।"

कुछ सहकर्मियों ने उसका मजाक उड़ाया, जबकि अन्य चुपचाप देखते रहे।

कई साल बाद, उन्होंने जिस बस्ती को विकसित करने में मदद की थी, वह एक बार शरणार्थी और मेज़बान समुदायों के बीच तनाव से ग्रस्त थी, शांतिपूर्ण सह-अस्तित्व का एक मॉडल बन गई। **बच्चे फलने-फूलने लगे। पड़ोसी रोटी खाने लगे। मंत्रालय शुरू हो गए।**

उनकी इमारतें सिर्फ़ इमारतें नहीं थीं - वे जीर्णोद्धार के पवित्र स्थान बन गए। **परमेश्वर ने उस भूमि को आशीर्वाद दिया जिस पर वह आज्ञाकारिता में चला।**

दक्षिण कोरिया की कहानी – एक दादी जो एक पीढ़ी पहले प्रार्थना करती थी

सियोल के बाहर एक उपनगर में रहने वाली 72 वर्षीय विधवा यून -जी ने जो जीवन जिया, उसे कई लोग "शांत सेवानिवृत्ति" कहेंगे। उसके बच्चे बड़े हो गए थे। उसके ज़्यादातर साथी आराम और विश्राम पर ध्यान देते थे।

लेकिन यून -जी को अपनी आत्मा में एक फुसफुसाहट महसूस होने लगी:

"रिटायर मत हो जाओ। फिर से प्रज्वलित हो जाओ।"

एक कप चाय और प्रार्थना के प्रति जुनून के साथ, वह हफ़्ते में एक बार अपने लिविंग रूम को किसी भी इच्छुक युवा के लिए खोल देती थी। पहले तो सिर्फ़ दो ही आए। फिर पाँच। फिर पंद्रह।

वह सुनती थी। वह प्रार्थना करती थी। वह खाना बनाती थी। वह परमेश्वर की वफादारी की कहानियाँ सुनाती थी।

एक साल के भीतर ही **उसका छोटा सा घर आध्यात्मिक प्रसव कक्ष बन गया** । नशे की लत से छुटकारा मिल गया। टूटी हुई शादियाँ फिर से जुड़ गईं। चर्च छोड़ चुके युवा वापस आ गए। एक ने तो अपने विश्वविद्यालय के छात्रावास में ही एक गृह चर्च शुरू कर दिया।

यून-जी के स्वर्णिम वर्ष धीरे-धीरे लुप्त नहीं हुए - वे **पुनरुत्थान** की चिंगारी बन गए ।

भक्तिपूर्ण अंतर्दृष्टि

बिल्डर्स सिर्फ़ पत्थर, स्टील या शेड्यूल के आर्किटेक्ट नहीं होते। परमेश्वर के राज्य में, बिल्डर्स **वे होते हैं जो दूसरों के लिए जगह तैयार करते हैं** - चाहे ब्लूप्रिंट के ज़रिए या प्रार्थना मंडलियों के ज़रिए।

संसार में सेवानिवृत्ति से कैरियर ख़त्म हो सकता है, लेकिन राज्य में बुलाहट कभी ख़त्म नहीं होती।

आपकी आज्ञाकारिता - किसी भी उम्र में, किसी भी स्थान पर - ऐसी संरचनाएं उत्पन्न कर सकती है जो जीवन भर टिकती हैं।

दैनिक घोषणा

मेरा श्रम विरासत का निर्माण करता है।
मेरी बुद्धि शांति के
बीज बोती है । मैं आज्ञाकारिता से पीछे नहीं हटूंगा - मैं उद्देश्य के साथ शासन करता हूँ। भगवान मेरे हाथों के काम और मेरे अंतिम दिनों की सांस को आशीर्वाद देते हैं।

प्रार्थना

यहोवा, मैं जो भी संरचना खड़ी करता हूँ और जो भी शब्द मैं बोलता हूँ, उन सभी को आशीर्वाद दें।
मेरे हाथों से उपचार के स्थान बनवाएँ और मेरा हृदय आपके उद्देश्य के साथ जुड़ा रहे। मेरे पिछले दिनों का उपयोग मेरे पिछले वर्षों की तुलना में अधिक फल के लिए करें। मेरे काम और मेरी बुद्धि को आपकी उपस्थिति में रहने दें। याहशुआ के नाम में, आमीन।

आज्ञाकारिता कार्रवाई कदम

यदि आप कोई निर्माण, डिजाइन या प्रबंधन कर रहे हैं - तो भूमि, योजनाओं और इसमें शामिल लोगों के लिए प्रार्थना करें। हर चरण में यहोवा की उपस्थिति को आमंत्रित करें।

यदि आप वृद्ध हैं या सेवानिवृत्त हैं - तो किसी युवा व्यक्ति से संपर्क करें और प्रार्थना, मार्गदर्शन या बस प्रोत्साहन प्रदान करें। **विरासत आज्ञाकारिता के एक बीज से शुरू होती है।**

जर्नल प्रॉम्प्ट्स

- मैं क्या बना रहा हूँ - शारीरिक, संबंधात्मक या आध्यात्मिक रूप से - जो मुझसे अधिक समय तक टिकेगा?
- मैं *मानसिक रूप से अपने उद्देश्य से कहाँ भटक गया हूँ*, और यहोवा मुझे किस प्रकार पुनः जुड़ने के लिए कह रहा है?
- **पुनरुत्थान के लिए उपजाऊ भूमि** कैसे हो सकता है ?

दिन 28: उद्देश्य के नाविक

चिन्हित क्षेत्र:
उत्तरी अमेरिका – कनाडा (दूरस्थ समुदाय) यूरोप – ग्रीस (शरणार्थी सीमा क्षेत्र)

भूमिका फोकस:
पायलट, ड्राइवर, कूरियर और परिवहन कर्मचारी मानवीय कार्यकर्ता, नर्स, आपातकालीन सहायता दल

धर्मशास्त्र फोकस: व्यवस्थाविवरण 28:1–14 (सारांश)

एएमपी:
"प्रभु तुम्हारे लिए अपने आकाशरूपी उत्तम भण्डार को खोल देगा, कि तुम्हारी भूमि पर समय पर वर्षा करे, और तुम्हारे सारे कामों पर आशीष दे..."

एनएलटी:
"प्रभु उचित समय पर वर्षा भेजेगा... और आपके सारे कामों को आशीष देगा।"

कहानी 1: "पायलट जिसने रिवाइवल लैंड किया" – कनाडा

बर्फीले टुंड्रा में फैले दूरदराज के स्वदेशी गांवों में चिकित्सा आपूर्ति और मेल पहुंचाने का काम सौंपा गया था। सालों तक, उसने उड़ान को एक नौकरी के रूप में माना - व्यावहारिक, आवश्यक, लेकिन विशेष रूप से आध्यात्मिक नहीं।

फिर, एक कड़ाके की सर्दी की सुबह, जब वह एक ऐसे गांव के पास पहुंचा, जहां केवल हवाई मार्ग से पहुंचा जा सकता था, तो उसने पवित्र आत्मा की ओर से एक संकेत महसूस किया:

"प्रार्थना करें। यह लैंडिंग सिर्फ़ आपूर्ति के लिए नहीं है।"

एक अकेले बुजुर्ग ने प्रस्ताव स्वीकार कर लिया। नूह के प्रार्थना करते समय वह व्यक्ति रो पड़ा। उस क्षण से एक श्रृंखलाबद्ध प्रतिक्रिया शुरू हुई।

कुछ सप्ताह बाद, नूह वापस लौटा - उसने न केवल एक लैंडिंग पैड पाया, बल्कि एक पूरा समुदाय इकट्ठा हुआ, जो परमेश्वर के वचन की मांग कर रहा था। वे केवल टीके और राशन नहीं चाहते थे - वे सत्य और उपचार के भूखे थे।

हर लैंडिंग एक पुनरुद्धार बन गई। हर मार्ग, स्वर्ग के लिए एक रनवे बन गया।

नूह को एहसास हुआ कि उसकी आज्ञाकारिता ने रसद को विरासत में बदल दिया था। **वह सिर्फ़ सामान नहीं उड़ा रहा था - वह यहोवा की महिमा ले जा रहा था।**

कहानी 2: "वह नर्स जो साहस लेकर चलती थी" – ग्रीस

एलेना ग्रीक सीमा पर एक शरणार्थी शिविर में तैनात थी, जहाँ हज़ारों विस्थापित परिवार तंबुओं और आघात में रह रहे थे। परिस्थितियाँ बहुत क्रूर थीं। संसाधन कम थे। भय का माहौल हवा में छाया हुआ था।

अधिकांश दिनों में, उसके पास धुंध, एंटीसेप्टिक और उसके घिसे हुए जूते के अलावा और कुछ नहीं होता था - लेकिन उसके पास कुछ और भी था: **विश्वास** ।

प्रत्येक बच्चे, प्रत्येक माँ, प्रत्येक घाव का इलाज करने से पहले, **ऐलेना फुसफुसाकर प्रार्थना करती थी** :

"हे यहोवा, इन हाथों से तेरी चंगाई हो।"

वह पट्टियों पर प्रार्थना करने लगी, भोर में टेंट की कतारों में टहलते हुए अपने कानों में आराधना संगीत बजाती हुई, अराजकता पर शांति की घोषणा करती हुई। उसकी सौम्यता पूरे शिविर में जानी जाने लगी।

जल्द ही, जब आपातस्थिति उत्पन्न हुई, लोग फुसफुसाने लगे:

"उस स्त्री को खोजो जो प्रार्थना करती है।"

डॉक्टरों ने उसकी बुद्धि का सम्मान किया। गार्डों ने उसकी हरकतों की सुरक्षा की। मरीज़ जल्दी ठीक हो गए।

वह सिर्फ दवाई ही नहीं ले जाती थी - **वह उपस्थिति भी ले जाती थी।**

भक्तिपूर्ण अंतर्दृष्टि

प्राकृतिक हलचल आत्मा में चमत्कार उत्पन्न कर सकती है।

चाहे आप ट्रक चलाते हों, विमान उड़ाते हों, या अस्पताल के गलियारों में चलते हों, *चलते-फिरते आपकी आज्ञाकारिता* आध्यात्मिक राजमार्गों को खोलती है। जब आपके कदम समर्पित होते हैं, तो यहोवा का अनुग्रह बहता है।

आपको ऐसा लग सकता है कि आप बस *इधर-उधर जा रहे हैं* - लेकिन भगवान हर उस जगह को *बदल रहे हैं* जहाँ आप जाते हैं। शरणार्थी क्षेत्रों, बर्फीले रनवे या अव्यवस्थित सड़कों पर, **आप उद्देश्य के नाविक बन जाते हैं** ।

आपका मार्ग आपका पुनरुद्धार पथ है। आपकी गति उसका मिशन है।

दैनिक घोषणा

मैं यहोवा का चलता-फिरता संदेशवाहक हूँ।
मेरे कदम उसकी शांति लेकर चलते हैं, मेरे हाथ उसकी चिकित्सा करते हैं।
मैं सिर्फ़ सामान ही नहीं देता - मैं अनुग्रह देता हूँ। मैं गति में खोया नहीं हूँ; मैं स्वर्ग द्वारा निर्देशित हूँ।

प्रार्थना

यहोवा, मेरे मार्गों और मेरी पहुँच को आशीर्वाद दें।
हर चेकपॉइंट को आशा का चेकपॉइंट बनने दें। मेरे कदमों, उड़ानों और पहियों को दिव्य नियुक्तियों में मार्गदर्शन करें। अराजकता में शांति और संकट में साहस लाने में मेरी मदद करें। मैं अपनी यात्रा आपके उद्देश्य के लिए समर्पित करता हूँ। याहशुआ के नाम में, आमीन।

आज्ञाकारिता कार्रवाई कदम

अपनी अगली डिलीवरी, शिफ्ट या यात्रा को आशीर्वाद दें - जाने से पहले जीवन के शब्द बोलें।
आज किसी जरूरतमंद के लिए
प्रार्थना करें या उसे सांत्वना दें - विशेष रूप से किसी संकट या परिवर्तन के दौर से गुजर रहे व्यक्ति के लिए। एक ऐसा क्षेत्र चुनें जहाँ आप नियमित महसूस करते हैं और परमेश्वर से पूछें: "इस कार्य में कौन सा दिव्य मिशन छिपा है?"

जर्नल प्रॉम्प्ट्स

- **आज परमेश्वर मुझे कहाँ भेज रहा है—न केवल शारीरिक रूप से, बल्कि आध्यात्मिक रूप से भी?**
- **मैं अराजक वातावरण में शांति और साहस कैसे ला सकता हूँ?**
- **मैं अपने साथ कौन से उपहार लेकर आया हूँ जो रास्ते में मिलने वालों को आशीर्वाद दे सकें?**

- क्या मैं अपने मार्गों को काम के रूप में देख रहा हूँ—या राज्य के कामों के रूप में?
- मैंने यहोवा की वर्षा को अप्रत्याशित स्थानों पर कहाँ अनुभव किया है?

दिन 29: बढ़ते प्रभाव का आशीर्वाद

धर्मशास्त्र फोकस:

"यहोवा तुझे सिर बनाएगा, पूंछ नहीं; और तू हमेशा ऊपर रहेगा, और कभी नीचे नहीं रहेगा, यदि तू अपने परमेश्वर यहोवा की आज्ञाओं का पालन करेगा, जो मैं आज तुझे देता हूँ।"
- **व्यवस्थाविवरण** 28:13 (NLT)

पूरी कहानी: "वह सीमस्ट्रेस जो शीर्ष पर पहुंची" – दक्षिण कोरिया

मी-यंग की कहानी सियोल के विशाल परिधान जिले की छाया में शुरू हुई। कम उम्र में विधवा हो जाने और दो छोटे बच्चों के साथ रहने के बाद, वह सड़क के किनारे दुकानों की कतार के नीचे एक नम तहखाने में रहने लगी। केवल एक उधार ली गई सिलाई मशीन और तीन गज बचे हुए कपड़े के साथ, वह रात भर मोमबत्ती की रोशनी में सिलाई करती रही, उम्मीद करती थी कि अगले दिन चावल और शिशु फार्मूला खरीदने के लिए पर्याप्त सामान बेच पाएगी।

लेकिन मी-यंग के पास पैसे से भी अधिक शक्तिशाली चीज़ थी - **आज्ञाकारिता** ।

हर सुबह, कपड़े या धागे को छूने से पहले, वह सीमेंट के फर्श पर घुटनों के बल बैठती और प्रार्थना करती:

"हे प्रभु, मेरे हाथों के काम को आशीर्वाद दें। यह सिर्फ़ लोगों को वस्त्र ही न पहनाए, बल्कि आपकी उत्कृष्टता को भी अपने में समाहित करे।"

उसने अपनी पहली कमाई से ही ₩10,000 का दसवां हिस्सा देना शुरू कर दिया था - तब भी जब उसे कम खाना मिलता था। उसने दबाव में आने पर भी अपने प्रतिद्वंद्वियों को अनुचित तरीके से कमतर आंकने से मना कर दिया। उसने सब्बाथ विश्राम का सम्मान किया, सप्ताह में एक दिन अपनी छोटी सी दुकान बंद रखी जबकि अन्य खुली रहीं।

बहुत से लोग हँसे,
लेकिन स्वर्ग ने ध्यान दिया।

एक दिन एक फैशन ब्लॉगर ने उसके स्टॉल से एक स्कार्फ खरीदा। उसकी गुणवत्ता और हस्तनिर्मित उत्कृष्टता से प्रभावित होकर ब्लॉगर ने मी-यंग के काम को सोशल मीडिया पर दिखाया। कुछ ही हफ़्तों में, विश्वविद्यालयों, गैर सरकारी संगठनों, यहाँ तक कि एक सेलिब्रिटी स्टाइलिस्ट से भी ऑर्डर आने लगे।

मी-यंग ने एक छोटे से स्टूडियो में अपना विस्तार किया। फिर एक पूर्ण उत्पादन स्थान बनाया। उसने आश्रय गृहों से महिलाओं को काम पर रखा, उन्हें प्यार और ईमानदारी से प्रशिक्षित किया, और उन्हें उद्योग मानक से ऊपर का भुगतान किया।

अब, उनका नैतिक फैशन लेबल - " **हैनग्रेस** " - टोक्यो से बर्लिन तक के बुटीक में उपलब्ध है। फैशन पत्रिकाएँ उन्हें "द सीमस्ट्रेस सीईओ" कहती हैं। लेकिन मी-यंग ने कभी प्रसिद्धि की चाह नहीं की। वह कहती हैं:

"मैंने कभी मुखिया बनने के लिए नहीं कहा। मैंने सिर्फ़ तहखाने में यहोवा की आज्ञा का पालन करना चुना। उसने बाकी सब संभाल लिया।"

भक्तिपूर्ण अंतर्दृष्टि

आज्ञाकारिता आपको प्रभाव के लिए तैयार करती है।
"मुखिया" होने का मतलब उपाधियों के लिए प्रयास करना नहीं है - इसका मतलब है जब दूसरे समझौता करने के लिए झुकते हैं तो ईमानदारी से खड़े रहना। शांत जगहों पर आज्ञाकारिता सार्वजनिक जगहों पर उत्थान बन जाती है।

मी-यंग ने प्रतिष्ठा के पीछे भागकर चढ़ाई नहीं की। वह **आज्ञाकारिता से ऊपर उठी थी** ।

जब यहोवा किसी ऐसे हृदय को देखता है जो उसकी आज्ञाओं का पालन करने के लिए तत्पर है, तो वह ऐसे द्वार खोल देता है जो कोई भी नहीं खोल सकता।

आपको पदोन्नति के लिए किसी मंच की आवश्यकता नहीं है। आपको बस आज्ञाकारिता की आवश्यकता है।

दैनिक घोषणा

मैं सिर हूँ, पूंछ नहीं।
यहोवा ने मुझे नेतृत्व, उत्कृष्टता और ईश्वरीय प्रभाव के लिए नियुक्त

किया है। मेरा परिश्रम व्यर्थ नहीं है। मेरी वफादारी देखी जाती है। मेरे कदमों को राजा द्वारा निर्देशित किया जाता है।

प्रार्थना

हे प्रभु, मेरे जीवन को प्रतिष्ठा के लिए नहीं बल्कि राज्य सेवा के लिए ऊँचा उठाएँ।
मुझे नम्रता के साथ नेतृत्व करने और सम्मान के साथ चलने दें। मेरी आज्ञाकारिता उन मंचों को खोले जहाँ आपकी महिमा चमक सके। मुझे छोटे-छोटे क्षणों में आपके निर्देशों को सुनना सिखाएँ, और मुझे प्रत्येक अवसर को बुद्धि के साथ संभालने में मदद करें। याहशुआ के नाम में, आमीन।

आज्ञाकारिता कार्रवाई कदम

1. **किसी एक क्षेत्र पर विचार करें जहाँ आप अनदेखा या अनदेखा महसूस करते हैं।**
इसे ईमानदारी से परमेश्वर के सामने लाएँ। उससे प्रार्थना करें कि वह इसमें नया उद्देश्य भर दे।

2. **इस सप्ताह एक साहसिक, आज्ञाकारी कदम उठाएँ।**
किसी को माफ़ करें, सच्चाई के लिए बोलें, सब्त के दिन आराम करें, या उदारता से दान करें - भले ही यह महंगा लगे। आज्ञाकारिता ही लिफ्ट है।

जर्नल प्रॉम्प्ट्स

- परमेश्वर मुझे किस गुप्त क्षेत्र में विश्वासयोग्य रहने के लिए बुला रहा है?
- मैंने कहाँ आज्ञाकारिता को कम महत्व दिया है क्योंकि मैं परिणाम नहीं देख सका?
- यहोवा मेरे वर्तमान "तहखाने" के मौसम का उपयोग मुझे अधिक प्रभाव के लिए तैयार करने के लिए कैसे कर रहा है?
- क्या मैं पदोन्नति के पीछे भाग रहा हूँ - या मुझे पद दिलाने के लिए परमेश्वर पर भरोसा कर रहा हूँ?
- इस सप्ताह मेरी विश्वासयोग्यता के माध्यम से परमेश्वर कौन सा "मंच" इस्तेमाल करना चाहेगा?

दिन 30: विशिष्टता का आशीर्वाद

धर्मशास्त्र फोकस

"तुम अपने परमेश्वर यहोवा के लिए पवित्र लोग बनोगे, जैसा कि उसने तुमसे वादा किया है।"
- व्यवस्थाविवरण 28:9 (एएमपी)

नॉर्वे से कहानी – "एक अकाउंटेंट की शांत ईमानदारी"

लार्स ने कभी नहीं सोचा था कि सच बताने का उनका निर्णय उनके करियर को खतरे में डाल देगा।

ओस्लो में एक प्रतिष्ठित बहुराष्ट्रीय फर्म में वरिष्ठ लेखाकार, लार्स हमेशा अपने शांत व्यवहार और स्थिर कार्य नैतिकता के लिए जाने जाते थे। वह अपनी स्प्रेडशीट पर प्रार्थना करते थे। वह अपनी आय से दसवां हिस्सा देते थे। उनका मानना था कि पवित्रता का मतलब जोर-जोर से उपदेश देना नहीं है - बल्कि साफ-सुथरे तरीके से जीना है, तब भी जब कोई नहीं देख रहा हो।

फिर परीक्षा आई।

एक उच्च-दांव वित्तीय ऑडिट के दौरान, लार्स को एक वरिष्ठ कार्यकारी ने कंपनी की तिमाही छवि को बनाए रखने के लिए कुछ संख्याओं को "बदलाव" करने के लिए कहा। उन्होंने कहा, "यह सिर्फ़ अस्थायी है।" "हर कोई ऐसा करता है।" निहितार्थ स्पष्ट था: *समझौता करें, या अलग हो जाएँ।*

लार्स ने चुपचाप लेकिन दृढ़ता से मना कर दिया।

उन्होंने कहा, "मैं एक उच्च अधिकारी की सेवा करता हूँ।" "जो सत्य नहीं है, मैं उसमें बदलाव नहीं कर सकता।"

इसके लिए, सहकर्मियों ने उनका मज़ाक उड़ाया, उन्हें पद से हटा दिया और महत्वपूर्ण बैठकों से बाहर रखा। उनके काम की जांच की गई। ब्रेकरूम में उनके बारे में कानाफूसी होती रही। कुछ लोगों ने कहा कि वह भोला है। दूसरों ने कहा कि वह आत्म-धर्मी है।

लेकिन लार्स ने अपनी बात पर अड़े रहे। उन्होंने स्वीकृति के बजाय विशिष्टता को चुना।

फिर आया खुलासा।

छह महीने बाद, एक मुखबिर ने विभागों में वित्तीय हेराफेरी की एक श्रृंखला का खुलासा किया। आंतरिक जांच ने लार्स को पूरी तरह से निर्दोष साबित कर दिया - और उनके सावधानीपूर्वक रिकॉर्ड ने स्पष्टता और सुधार लाने में मदद की। जिन अधिकारियों ने उन्हें पदावनत किया था, उन्हें बर्खास्त कर दिया गया।

लार्स को न केवल बहाल किया गया बल्कि उन्हें नैतिकता एवं वित्तीय प्रशिक्षण प्रमुख के पद पर पदोन्नत किया गया।

आज, वह पूरे यूरोप में युवा पेशेवरों के लिए ईमानदारी कार्यशालाओं का नेतृत्व करते हैं। उनका विश्वास ज़ोरदार नहीं था - लेकिन यह स्वर्ग में इतना ज़ोरदार था कि पृथ्वी पर अनुग्रह के रूप में प्रतिध्वनित हुआ।

यहोवा ने उसकी प्रतिष्ठा को ऊँचा उठाकर सम्मानित किया।

भक्तिपूर्ण अंतर्दृष्टि

पवित्रता कोई वर्दी नहीं है - यह एक साक्षी है।

विशिष्टता का मतलब अजीब होना नहीं है - इसका मतलब है *अलग होना*। इसका मतलब है भगवान को "हाँ" कहना, तब भी जब दुनिया "नहीं" की मांग करती है। एक ऐसी दुनिया में जो समझौते का जश्न मनाती है, **अखंडता पूजा का एक मौलिक कार्य है** ।

जब आप दूसरों के साथ घुलने-मिलने से इनकार करते हैं, तो यहोवा आपको अनुग्रह के लिए चिन्हित करता है। जब दूसरे लोग छाया की तरह बदल जाते हैं, तो सत्य के लिए आपका रुख उसकी महिमा के लिए आकर्षण का केंद्र बन जाता है।

आपको अलग पहचान बनाने के लिए किसी उपाधि की आवश्यकता नहीं है - आपको स्वर्ग से जुड़ा हुआ हृदय चाहिए।

दैनिक घोषणा

मैं यहोवा द्वारा अलग किया गया हूँ।
मैं सच्चाई में चलता हूँ, चलन में नहीं। मेरी ईमानदारी मुझे हर माहौल में अलग पहचान देती है। मैं इसलिए नहीं बढ़ता कि मैं अनुरूप हूँ - बल्कि इसलिए कि मैं आज्ञा का पालन करता हूँ। मैं पवित्र हूँ, छिपा हुआ नहीं। मुझे बुलाया गया है, समझौता नहीं किया गया है।

प्रार्थना

पिता यहोवा,
मूल्यों के बदलने की इस दुनिया में, मुझे आप में स्थिर रहने में मदद करें। मेरे निर्णयों में आपकी धार्मिकता झलके, यहाँ तक कि मौन में भी। यदि आवश्यक हो तो मुझे अकेले खड़े होने का साहस दें - और बिना घमंड के चमकने की कृपा दें। मेरी ईमानदारी मेरा झंडा हो, और मेरी विशिष्टता आपको सम्मान दिलाए। सिस्टम बदलने और मानकों को बढ़ाने के लिए मेरे विकल्पों का उपयोग करें। याहशुआ के नाम में, आमीन।

आज्ञाकारिता कार्रवाई कदम

चिंतन करें : एक ऐसे क्षेत्र की पहचान करें जहां आप घुलने-मिलने के लिए प्रवृत्त हुए हैं - कार्यस्थल में, बातचीत में, या जीवनशैली में।
जवाब दें : आज एक नया, साहसिक कदम उठाएँ। सच बोलें। पवित्रता चुनें। शॉर्टकट को न कहें।
पुनः प्रतिबद्ध हों : यहोवा को सम्मान देने वाले मार्ग पर चलने के लिए साहस और स्पष्टता के लिए प्रार्थना करें, भले ही वह मार्ग संकीर्ण ही क्यों न हो।

जर्नल प्रॉम्प्ट्स

- हाल ही में मैंने कहां अपनी मान्यताओं के साथ समझौता किया है?

- यहोवा मुझे मेरे वर्तमान परिवेश में “अलग” रहने के लिए कैसे बुला रहा है?
- यदि मैं शांत, शक्तिशाली निष्ठा के साथ चलूं तो यह कैसा लगेगा?
- मेरे जीवन में किसे विशिष्टता का उदाहरण देखने की आवश्यकता है - और मैं इसे कैसे दिखा सकता हूँ?
- आज्ञाकारिता के ज़रिए यहोवा मुझे किस “पदोन्नति” के लिए तैयार कर रहा है?

दिन 31: पीढ़ीगत प्रभाव का आशीर्वाद

धर्मशास्त्र फोकस

“तुम्हारे बच्चे और तुम्हारी फसलें धन्य होंगी।”
— व्यवस्थाविवरण 28:4 (NLT)

जमैका की कहानी – “मछुआरे की विरासत”

एलिय्याह ने अपने जीवन में कभी कोई उपदेश-मंच नहीं देखा था - परन्तु उसकी दैनिक लय अनंत काल तक अंकित उपदेश बन गयी।

जमैका के तटीय गाँव में रहने वाला शांत मछुआरा, एलिय्याह हर सुबह सूर्योदय से पहले प्रार्थना करने के लिए उठता था। अपने कठोर हाथों से, वह उन्हें अपने बच्चों के सिर पर रखता था - **जीवन, अनुग्रह और भाग्य की बातें करता था।** जाल डालने से पहले वह भजन पढ़ता था, अपने बेटों को ईमानदारी, धैर्य और प्रभु के भय के बारे में सिखाता था।

ऐसे क्षेत्र में जहां कई मछुआरे मुनाफा बढ़ाने के लिए अवैध सिंडिकेट में शामिल हो गए थे, एलिजा ने इनकार कर दिया।

वह कहता था, “यहोवा समुद्र का स्वामी है।” “अगर मैं उसकी आज्ञा मानूँ, तो वह मेरे जाल भर देगा।”

और यहोवा ने ऐसा किया। न केवल मछलियों के साथ - बल्कि **पीढ़ियों के अनुग्रह के साथ** ।

एलिजा का सबसे बड़ा बेटा, सैमुअल, पादरी बन गया, उसने पूरे द्वीप में चर्च स्थापित किए और आध्यात्मिक परिवारों का निर्माण किया। उनके छोटे बेटे, आंद्रे को समुद्र से प्यार हो गया - और उसने समुद्री जीव विज्ञान का अध्ययन किया। अपने पिता द्वारा समुद्र के प्रति दिखाए गए देखभाल से प्रभावित होकर, आंद्रे अब कैरिबियन में संधारणीय मछली पकड़ने और महासागर संरक्षण पर राष्ट्रीय नीतियों को प्रभावित करता है।

दोनों बेटों ने अपने पिता की प्रार्थनाओं या उनके उदाहरण को नहीं भुलाया।

एलिजा का 82 साल की उम्र में निधन हो गया - लेकिन उनकी प्रार्थनाएँ कभी नहीं चलीं। उनके बेटे अक्सर कहते हैं:
"हम उन लहरों पर सवार हैं, जिनके लिए हमारे पिता ने प्रार्थना की थी।"

उनकी **आज्ञाकारिता के छोटे-छोटे निजी कार्य** आने वाली पीढ़ियों के लिए **प्रकाश-स्तंभ** बन गए ।

भक्तिपूर्ण अंतर्दृष्टि

आप शायद कभी मंच पर न खड़े हों। लेकिन आपकी **रसोई की मेज पर की गई आज्ञाकारिता** बोर्डरूम, मंच, प्रयोगशालाओं और राष्ट्रों में गूंज सकती है।

विरासत गुप्त रूप से बनाई जाती है। यह बड़े-बड़े इशारों के बारे में नहीं है, बल्कि निरंतर वफ़ादारी के बारे में है। एक फुसफुसाती हुई

प्रार्थना। एक लंचबॉक्स नोट। एक सीमा रखी गई। एक सिद्धांत सिखाया गया।

जब यहोवा आपको आशीर्वाद देता है, तो वह सिर्फ आपके हाथों को नहीं छूता - वह आपके **वंश को छूता है** । एक पवित्र जीवन का प्रभाव उस व्यक्ति के जीवनकाल से कहीं अधिक दूर तक फैला हुआ है।

पीढ़ीगत प्रभाव प्रसिद्धि से शुरू नहीं होता। यह वफादारी से शुरू होता है।

दैनिक घोषणा

मैं धन्य हूँ - और मेरे बच्चे भी।
मेरी आज्ञाकारिता दिव्य तरंगें पैदा करती है। मैं धार्मिकता की विरासत छोड़ता हूँ, न कि केवल विरासत। मेरी प्रार्थनाएँ मुझसे ज़्यादा जीवित रहती हैं। मेरा जीवन मेरी उम्र से कहीं ज़्यादा फल देता है।

प्रार्थना

पिता यहोवा ,
विरासत के उपहार के लिए आपका धन्यवाद। मैं अपने बच्चों, आध्यात्मिक पुत्रों और पुत्रियों, और जिन्हें मैं मार्गदर्शन देता हूँ, उन पर आशीर्वाद देता हूँ। मेरे शब्दों को उद्देश्य के बीज बोने दें। जब कोई नहीं देखता, तब मेरा उदाहरण चमकने दें। आज्ञाकारिता का हर कार्य उनके आशीर्वाद के लिए मार्ग
बनाए । मेरी छत को उनकी मंजिल बनाओ। मेरी प्रार्थनाओं को उनकी

सुरक्षा बनाओ। और मेरी विरासत ऐसी हो जो आपको सबसे अधिक प्रसन्न करे। **याहशुआ के नाम पर** , आमीन।

आज्ञाकारिता कार्रवाई कदम

एक विरासत प्रार्थना लिखें :
एक प्रार्थना लिखें जिसे आप अपने बच्चों, अपने शिष्यों या यहाँ तक कि अपने भावी परिवार के लिए **प्रतिदिन घोषित करेंगे** । अगले 30 दिनों तक हर दिन इसे ज़ोर से बोलें - और यहोवा पर भरोसा रखें कि वह इसे बढ़ाएगा।

नमूना विरासत प्रार्थना:

"मेरे बच्चे बुद्धि के साथ आगे बढ़ें, पवित्रता से चलें, और साहस के साथ नेतृत्व करें। यहोवा के सामने उनके दिल कोमल रहें। मैं हर पीढ़ी के अभिशाप को तोड़ता हूँ और याहशुआ के नाम पर उन पर ईश्वरीय अनुग्रह, उद्देश्य और सुरक्षा जारी करता हूँ ।"

जर्नल प्रॉम्प्ट्स

- मैं इस समय अपने पीछे किस प्रकार की आध्यात्मिक विरासत छोड़ रहा हूँ?
- यहोवा ने मुझे किसका शिष्य या मार्गदर्शक बनने के लिए बुलाया है, चाहे अनौपचारिक रूप से ही क्यों न हो?
- मैं किन तरीकों से अपने बच्चों, परिवार या टीम के लिए प्रार्थना और आशीर्वाद को अधिक उद्देश्यपूर्ण बना सकता हूँ?

- आज मैं अपनी आज्ञाकारिता के माध्यम से अगली पीढ़ी को कौन से मूल्य सिखाना चाहता हूँ?

समापन चिंतन

वफ़ादार होने के लिए मशहूर होने की ज़रूरत नहीं है। सबसे शक्तिशाली विरासत जो आप दे सकते हैं वह है **एक ऐसा दिल जो परमेश्वर का सम्मान करता है। एलिय्याह के पास कभी मछली पकड़ने का बेड़ा नहीं था, लेकिन उसकी प्रार्थनाओं ने प्रभाव का एक महासागर** बनाया।

इस 31-दिवसीय यात्रा को समाप्त करते समय, यह याद रखें:
आपकी आज की आज्ञाकारिता उन पीढ़ियों के लिए बीज है, जो शायद आपको कभी न मिलें। इसे अच्छे से बोएँ।

दिन 32: अविचल आनंद का आशीर्वाद

दक्षिण अमेरिका - चिली
भूमिका फोकस: कलाकार, क्रिएटिव और दूरदर्शी
थीम: आनंददायक प्रावधान और रचनात्मक अतिप्रवाह

धर्मशास्त्र फोकस

"यहोवा तुम्हारे लिये अपने आकाशरूपी उत्तम भण्डार को खोलकर तुम्हारी भूमि पर समय पर वर्षा करेगा, और तुम्हारे सारे कामों पर आशीष देगा।"
— **व्यवस्थाविवरण** 28:12 **ए.एम.पी.**

"जहाँ कहीं तू जाए, वहाँ तू धन्य होगा, चाहे तू आए या जाए।"
— **व्यवस्थाविवरण** 28:6

कहानी: "वालपाराइसो का आनंदित चित्रकार"

चिली के वालपाराइसो की पहाड़ियों की एक युवा कलाकार **इसाबेल को** भूकंप में अपने माता-पिता को खोने के बाद उसकी दादी ने पाला था। जीवन आसान नहीं था, और उसने अपने दु:ख को व्यक्त करने के लिए पेंटिंग बनाई। शुरू में, वह मुश्किल से जीवित रहने के लिए पर्याप्त बेच पाती थी। फिर भी, वह ईमानदारी से दसवाँ हिस्सा देती थी - यहाँ तक कि हर महीने अपनी *पहली बिक्री* स्थानीय अनाथालय को दे देती थी।

एक शाम, वह अपनी छत पर बने छोटे से स्टूडियो में प्रार्थना कर रही थी। प्रभु ने फुसफुसाकर कहा,

"तुम्हारे हाथों में मेरे रंग हैं। जहाँ दर्द है वहाँ खुशी रंग दो।"

उसने जवाब दिया। उसने भूले-बिसरे इलाकों में खाली पड़ी इमारतों पर **आशा के भित्ति चित्र बनाने शुरू कर दिए।**

पहले तो सिर्फ़ सड़क पर रहने वाले बच्चों ने ही इस पर ध्यान दिया। लेकिन फिर, राहगीरों ने भी ध्यान दिया। फिर फोटोग्राफरों ने। फिर राष्ट्रीय टीवी ने भी।

एक साल के भीतर ही उन्हें सैंटियागो में अपना काम प्रदर्शित करने के लिए आमंत्रित किया गया - और अंततः अंतर्राष्ट्रीय दीर्घाओं में भी। उनकी एक भित्तिचित्र को संयुक्त राष्ट्र शांति शिखर सम्मेलन में भी प्रदर्शित किया गया।

खुशी के प्रावधान और **पीढ़ी दर पीढ़ी उपचार** का स्रोत बन गया ।

उसकी गवाही? "खुशी कभी भी सिर्फ़ एक एहसास नहीं थी। यह आज्ञाकारिता का फल था।"

भक्तिपूर्ण अंतर्दृष्टि

खुशी हमेशा जोरदार या हंसी से भरी नहीं होती। कभी-कभी, यह एक **गहरी नदी होती है** जो सूखे के मौसम में बहती है।

, राष्ट्रों के लिए आशीर्वाद के स्रोत में बदल देता है ।

आज्ञाकारिता आपकी रचनात्मकता को पवित्र बनाती है। आनन्द आपके अर्पण को कई गुना बढ़ा देता है।

आपको कभी भी बस *गुजर-बसर करने के लिए नहीं बनाया गया था।* आपको **वाचा में सृजन करने** और भरपूर आशीर्वाद देने के लिए बनाया गया था।

दैनिक घोषणा

मैं यहोवा के साथ सृजन करता हूँ। मेरा काम धन्य है। मेरा उपहार कई गुना बढ़ जाता है।
खुशी मेरे हाथों को भर देती है, और शांति मेरी रचनात्मकता के माध्यम से बहती है। मुझे भुलाया नहीं गया है - मैं *अनुग्रहित और फलदायी हूँ।*
मैं जो कुछ भी बनाता हूँ वह मुझसे ज़्यादा समय तक जीवित रहेगा।
मेरा उपहार उपचार लाता है।

प्रार्थना

यहोवा, मेरे हाथों के काम को आशीर्वाद दें।
मेरी रचनात्मकता स्वर्ग का आनंद लेकर आए।
मेरी कला, मेरे शब्द, मेरे काम का उपयोग उपचार के पुल बनाने के लिए करें।
मेरे उपहार पर अपना स्वर्गीय खजाना खोल दें।
मेरी आज्ञाकारिता उन जगहों पर पुनर्जीवन की चिंगारी जलाए, जिन्हें मैं कभी नहीं देख पाऊँगा।
याहशुआ के नाम पर , आमीन।

आज्ञाकारिता कार्रवाई कदम

आज कुछ बनाएं — **चाहे वह कितना भी छोटा क्यों न हो** —और उसे भगवान को अर्पित करें। चाहे वह पेंटिंग हो, जर्नल एंट्री हो, कविता हो, वॉयस नोट हो या कोई क्राफ्ट हो—उसे प्रार्थना में समर्पित करें।

फिर, **इसे किसी ऐसे व्यक्ति के साथ बाँटें जिसे ख़ुशी की ज़रूरत है** —किसी बुज़ुर्ग पड़ोसी, बच्चे, या दुःखी दोस्त के साथ।

जर्नल प्रॉम्प्ट्स

- मैं कौन सा रचनात्मक उपहार छुपा रहा हूँ या कम आंक रहा हूँ?
- इस सप्ताह मैं सुंदरता और आनंद कहां बो सकता हूं - यहां तक कि टूटी हुई जगहों पर भी?
- यहोवा ने मेरे माध्यम से दूसरों को आशीष देने के लिए रचनात्मकता के छोटे बीजों का उपयोग कैसे किया है?

अपनी कला को सिर्फ काम के रूप में नहीं, बल्कि पूजा के रूप में पेश करना कैसा होगा?

दिन 33: आसमान से मेलोडी और रणनीति के निर्माता

क्षेत्र फोकस

कैरिबियन – जमैका

भूमिका फोकसः संगीतकार, उपासना नेता और गीतकार

अफ्रीका – नाइजीरिया

भूमिका फोकसः पायलट, वायु यातायात नियंत्रक और विमानन कार्मिक

धर्मशास्त्र फोकस

"और ये सभी आशीर्वाद तुम पर आएंगे और तुम्हें पकड़ लेंगे, यदि तुम अपने परमेश्वर यहोवा की आवाज़ सुनोगे... यहोवा तुम्हारे लिए अपने अच्छे खजाने, आकाश को खोल देगा... और तुम्हारे हाथों के सभी कामों को आशीर्वाद देगा।"

- व्यवस्थाविवरण 28: 1-14 (चयन, एएमपी और एनएलटी)

कहानी: "रेगे भजनहार"

ड्वेन कभी किंग्स्टन के सबसे कुख्यात भूमिगत डांस हॉल कलाकारों में से एक था। अपने उत्तेजक गीतों और जंगली जीवनशैली के लिए जाने

जाने वाले, उनके पास प्रसिद्धि तो थी लेकिन शांति नहीं थी। एक रात, एक स्थानीय कार्यक्रम में झगड़े के बाद, ड्वेन ने खुद को एक गली में अकेला और खून से लथपथ पाया। उसके दिल में एक आवाज़ फुसफुसाई,

"मैंने आपकी आवाज़ को ठीक करने के लिए बनाया है, नुकसान पहुंचाने के लिए नहीं।"

उस क्षण ने उसे तोड़ दिया।

याहशुआ को अपना जीवन समर्पित कर दिया । उसने गिग्स, पैसे और यहाँ तक कि करीबी दोस्तों को भी छोड़ दिया। पुराने गीतों की जगह, उसने नए गीत लिखना शुरू कर दिया- **लय में शास्त्र** , **रेगे बीट पर प्रशंसा** , **कैरिबियन पल्स के साथ सत्य** ।

उनका एक गाना, *"सैल ऑन द बीट"* वायरल हो गया - न केवल चर्चों में, बल्कि मुख्यधारा के स्टेशनों पर भी। गवाही की बाढ़ आ गई: युवा गिरोह छोड़ रहे थे, माताएँ चिंतित बच्चों को शांत करने के लिए इसे बजाती थीं, और कैदी अपनी कोठरियों में इस पर नाचते थे।

उनका संगीत सिर्फ मनोरंजन नहीं था - यह *मुक्ति था*।

कहानी: "पायलट जिसने स्वर्ग की आवाज़ सुनी"

कैप्टन ओलामाइड ने नाइजीरिया में घरेलू मार्गों पर उड़ान भरी। अपने शुरुआती करियर में, उन्हें अक्सर पुरुष-प्रधान क्षेत्र में एक महिला के

रूप में नजरअंदाज किया जाता था। लेकिन उनके पास एक गुप्त हथियार था: **उन्होंने स्पिरिट के साथ उड़ान भरी** ।

एक दिन, जब वह लागोस से एनुगु जा रही थी, तो विमान में एक भयंकर उथल-पुथल मच गई। उसका सह-पायलट घबरा गया, रेडियो बजने लगे और यात्री चीखने लगे। लेकिन कॉकपिट में, ओलामाइड ने दो सेकंड के लिए अपनी आँखें बंद कर लीं और फुसफुसाया,

"हे यहोवा, नियंत्रण अपने हाथ में ले लो।"

वह मन ही मन आत्मा में प्रार्थना करने लगी, और अविचल शांति से विमान का मार्गदर्शन करने लगी। कुछ ही क्षणों बाद आसमान साफ हो गया।

उतरने के बाद एक यात्री आंखों में आंसू लिए उनके पास आया और बोला,

"अराजकता के दौरान, मैंने भगवान से पूछा, 'क्या हम मरने वाले हैं?' और उन्होंने जवाब दिया, 'नहीं। मेरा सेवक उड़ रहा है।'"

उस दिन से ओलामाइड को एहसास हुआ कि उसका काम सिर्फ़ विमानन नहीं था - यह 30,000 **फ़ीट की ऊँचाई पर मध्यस्थता थी** । उसका कॉकपिट एक वेदी बन गया। उसकी उड़ानें, मिशन।

भक्तिपूर्ण अंतर्दृष्टि

चाहे किसी **धुन के माध्यम से** या किसी **तंत्र के माध्यम से** , यहोवा अपनी उपस्थिति को संसार में ले जाने के लिए आज्ञाकारी पात्रों का उपयोग करता है।

- **संगीतकार** के लिए , आपकी आराधना उन जंजीरों को तोड़ देती है जिन्हें उपदेश नहीं तोड़ सकते।
- **पायलट** के लिए , आपकी प्रार्थना ही सैकड़ों यात्रियों के लिए एकमात्र सुरक्षा हो सकती है।
- **हवाई यातायात नियंत्रक** के लिए , आपकी अदृश्य आज्ञाकारिता, जीवन को आकाश में सुरक्षित रखती है।

जब यहोवा आपकी **आवाज़ पर साँस लेता है** , तो यह **उद्धार बन जाता है** ।
जब वह आपका **मार्ग निर्धारित करता है** , तो कोई भी तूफान आपको नीचे नहीं ला सकता।

अदृश्य स्थानों में निष्ठा - चाहे वह स्टूडियो हो, कॉकपिट हो या कंसोल - स्वर्ग का खजाना खोलती है।

दैनिक घोषणा

मेरे गीतों में आज़ादी है।
मेरी धुनें स्वर्ग की प्रतिध्वनि हैं। मैं दर्शन के साथ उड़ान भरता हूँ और अनुग्रह के साथ उतरता हूँ।
मैं हवा की तरंगों और हवाई क्षेत्र में एक दिव्य जहाज़ हूँ।
यहोवा मेरा मार्ग निर्धारित करता है और मेरे हाथों के काम को आशीर्वाद देता है।

प्रार्थना

पिता यहोवा,
मेरे हृदय को आपकी सच्चाई गाने के लिए तैयार कर। मेरी आवाज़ में उपचार और आशा हो। मेरे कदमों और मेरी यात्राओं का मार्गदर्शन करें - ज़मीन पर और आसमान में। हर नोट, हर शब्द, हर मील को आपकी आत्मा द्वारा चिह्नित करें। शोर और अशांति से भरी दुनिया में मुझे अपने वाहन के रूप में उपयोग करें। **याहशुआ के नाम में** , आमीन।

आज्ञाकारिता कार्रवाई कदम

- **सृजन करें** : एक ऐसा गीत लिखें या रिकॉर्ड करें जो यहोवा की सच्चाई को प्रतिबिम्बित करता हो—चाहे एक के लिए हो या अनेक के लिए।
- **समर्पित करें** : अपनी अगली यात्रा - चाहे वह छोटी हो या लंबी - प्रार्थना में यहोवा को समर्पित करें।
- **बोलें** : अपने क्षेत्र में किसी को प्रोत्साहन के दो शब्द कहें - कार्यस्थल पर, यात्रा के दौरान, या ऑनलाइन।

जर्नल प्रॉम्प्ट्स

- मेरी धुनों में क्या संदेश छिपा है?
- क्या मैंने अपना काम - चाहे वह रचनात्मक हो या तकनीकी - यहोवा के हाथों में सौंप दिया है?

- मैं किन तूफानों से बचकर आया हूँ जो गवाही के गीत बन सकते हैं?
- यहोवा मुझे कहां ऊंची उड़ान भरने के लिए बुला रहा है - ऊंचाई में नहीं, बल्कि आज्ञाकारिता में?

अंतिम प्रतिबिंब

जब आप आज्ञाकारिता में गाते हैं, तो **स्वर्ग जवाब देता है** । जब आप विश्वास के साथ उड़ते हैं, तो **नियति बदल जाती है** । चाहे रिकॉर्डिंग बूथ में हों या कॉकपिट में, आप यहोवा के शांति, शक्ति और उपस्थिति के माध्यम हैं।

लोगों को सिर्फ बिंदु A से बिंदु B तक मत ले जाइए - उन्हें दिव्य मुलाकातों तक ले जाइए।

हर नोट, हर मील, हर पल उसकी महिमा करें जिसने आपको पंख और आवाज दी है।

दिन 34: क्षेत्र में विश्वास और नीति में शक्ति

क्षेत्र फोकस

दक्षिण अमेरिका – ब्राज़ील

भूमिका फोकस: मिशनरी, प्रचारक और चर्च प्लांटर्स

एशिया – मलेशिया

भूमिका फोकस: लोक सेवक, नीति निर्माता और नागरिक नेता

धर्मशास्त्र फोकस

"यदि तुम अपने परमेश्वर यहोवा की आज्ञाओं का पालन करो और उसके मार्गों पर चलो... तो यहोवा तुम्हें सिर बनाएगा, पूंछ नहीं, और तुम हमेशा शीर्ष पर रहोगे और कभी नीचे नहीं रहोगे।"
- व्यवस्थाविवरण 28:13 NLT

"यहोवा तुझे तेरे शत्रुओं के सामने पराजित करेगा... वे तेरे सामने से सात मार्गों से भाग जाएंगे।"
— व्यवस्थाविवरण 28:7 ए.एम.पी.

कहानी: "अमेज़न में मिशनरी"

बीट्रीज़ रियो डी जेनेरो में एक जीवंत उपासना नेता थीं, जो एक संपन्न शहर चर्च में एक आरामदायक जीवन जी रही थीं। लेकिन एक शाम प्रार्थना के दौरान, उन्हें एक दिव्य संकेत महसूस हुआ:

"वर्षावन में जाओ। उन्हें मेरे वचन की ज़रूरत है।"

पहले तो उसे यह समझ में नहीं आया। उसके पास कोई प्रशिक्षण नहीं था, कोई मिशन समर्थन नहीं था, और कोई पैसा भी नहीं था। लेकिन वह इस कॉल को अनदेखा नहीं कर सकती थी। उसने अपनी कार बेच दी, अपना गिटार पैक किया, और अज्ञात में कदम रख दिया।

अमेज़न में लगातार बारिश हो रही थी - मच्छर, गर्मी और ख़तरा - लेकिन यहोवा वफादार था। नाव की सवारी आखिरी समय में दिखाई दी। स्थानीय गाइडों ने अपना समय स्वेच्छा से दिया। यहाँ तक कि एक पूर्व नास्तिक भाषाविद् ने भी उसके संदेशों का अनुवाद करने में मदद की पेशकश की।

एक गांव बदल गया, फिर दूसरा। बच्चों ने पुर्तगाली और आदिवासी बोलियों में आराधना गाना शुरू कर दिया। ताड़ के पत्तों के नीचे एक छोटा चर्च उभरा। आज, वह पहला हाउस चर्च एक क्षेत्रीय मिशन केंद्र में विकसित हो गया है, और **वे अब अपने स्वयं के प्रचारकों को शहरों में भेजते हैं** - पुनरुद्धार का एक पूरा चक्र।

उसकी आज्ञाकारिता ने उस मिट्टी में अनन्त फसल के बीज बोये, जिसके बारे में कई लोग सोचते थे कि वह पहुंच से बाहर है।

कहानी: "वह क्लर्क जिसने नीति बदल दी"

ज़ैनब मलेशिया के पर्यावरण मंत्रालय में एक शांत डेटा क्लर्क थी। उसके पास कोई पदवी, कोई प्रभाव और बोर्ड मीटिंग में कोई आवाज़ नहीं थी। लेकिन उसके पास **दृढ़ विश्वास था** ।

एक दोपहर, परमिट की प्रक्रिया करते समय, उन्होंने एक पैटर्न देखा-बिना उचित निरीक्षण के अवैध अपशिष्ट अनुमोदन पारित किए जा रहे थे। इसमें स्पष्ट रूप से रिश्वत शामिल थी।

प्रेस को लीक करने या सोशल मीडिया पर धावा बोलने के बजाय, ज़ैनब ने अपने घुटनों पर बैठकर अपनी बात रखी। 21 दिनों तक उसने उपवास किया और प्रार्थना की, यहोवा से बुद्धि और समय के लिए प्रार्थना की। फिर उसने सत्यापन योग्य डेटा के साथ एक विस्तृत, विनम्र रिपोर्ट तैयार की और उसे सावधानीपूर्वक प्रस्तुत किया।

कुछ ही हफ़्तों में एक विशेष ऑडिट शुरू किया गया। एक आपराधिक गिरोह का पर्दाफाश हुआ। उच्च पदस्थ अधिकारियों को बर्खास्त कर दिया गया। ज़ैनब को सुधार दल में शामिल होने के लिए कहा गया और **शांत धार्मिकता के लिए उसकी प्रतिष्ठा** ने उसके वरिष्ठों की प्रशंसा अर्जित की।

आज, वह पूरे क्षेत्र में प्राकृतिक संसाधनों की रक्षा करने वाली नीतियों को लिखने में मदद करती हैं।

वह शोर मचाकर नहीं लड़ी - वह *आत्मा से प्रेरित रणनीति और नैतिक साहस के साथ आगे बढ़ी* ।

भक्तिपूर्ण अंतर्दृष्टि

आज्ञाकारिता हमेशा ज़ोर से नहीं होती। कभी-कभी, यह जंगल में फुसफुसाहट या कार्यालय में स्प्रेडशीट की तरह दिखती है। लेकिन जब **यहोवा भेजता है** , तो वह **सहारा देता है** , सुरक्षा करता है और बढ़ावा देता है।

- **मिशनरी** परिवर्तन की आग को दुनिया के भूले-बिसरे कोनों तक ले जाते हैं।
- **लोक सेवक,** टूटी हुई प्रणालियों और छिपे हुए भ्रष्टाचार के बीच ईमानदारी के मानक को कायम रखते हैं।

परमेश्वर सिर्फ उपदेशकों को ही मंच पर नहीं बुलाता - वह नीति निर्माताओं, क्लर्कों, सुसमाचार प्रचारकों और रोजमर्रा के मजदूरों को भी राज्य की सच्चाई के साथ संस्कृति को फिर से लिखने के लिए तैयार करता है।

दैनिक घोषणा

मैं यहोवा द्वारा भेजा और पोषित किया गया हूँ।
मैं ऐसे बीज बोता हूँ जो अनन्त फल देते हैं। मैं लोगों और नीतियों दोनों को बुद्धि और अनुग्रह से प्रभावित करता हूँ। मैं निर्भीक आज्ञाकारिता में चलता हूँ और स्वर्ग को धरती पर लाता हूँ - जहाँ भी वह ले जाए।

प्रार्थना

पिता यहोवा,
मुझे वहाँ जाने का साहस दो जहाँ दूसरे लोग जाने से कतराते हैं। चाहे जंगल में हो या व्यवस्थाओं में, मुझे आपके वचन और आपके तरीकों को आगे बढ़ाने में मदद करो। मेरा हर कदम उद्देश्यपूर्ण हो। जहाँ अन्याय हो, वहाँ मुझे ईमानदारी से जवाब देने में मदद करो। जहाँ खोया हुआपन हो, वहाँ मुझे प्यार से नेतृत्व करने में मदद करो। **याहशुआ के नाम पर** , आमीन।

आज्ञाकारिता कार्रवाई कदम

- **आज ही किसी मिशनरी का समर्थन करें या उसके लिए प्रार्थना करें** - या अपने पड़ोस में जाकर गवाही दें या सेवा करें।
- **कार्यस्थल पर साहसी बनें** : बेईमानी या नैतिक समझौते का जवाब सच्चाई और विनम्रता से दें।
- **परमेश्वर से एक ऐसा तरीका मांगिए जिससे आप अपनी स्थानीय व्यवस्था** - स्कूल, सरकार, चर्च, या व्यापार - को उसकी बुद्धि से प्रभावित कर सकें।

जर्नल प्रॉम्प्ट्स

- यहोवा मुझे कहाँ जाने के लिए बुला रहा है—आध्यात्मिक रूप से या भौगोलिक रूप से?

- मैं भय के कारण क्या करने से हिचकिचा रहा हूँ, जिसका प्रभाव अनंत काल पर पड़ सकता है?
- क्या मैं अपने आस-पास की प्रणालियों पर अपना प्रभाव डाल रहा हूँ?
- **धार्मिक सुधार** कैसे ला सकता हूँ ?

किसी व्यवस्था या जंगल में एक वफ़ादार व्यक्ति की शक्ति को कम मत समझिए। यहोवा परिवर्तन करने वाले लोगों को भेजता है - हमेशा ज़ोरदार नहीं, लेकिन हमेशा अजेय।

दिन 35: न्यायालयों में व्यवस्था और परिवर्तनकारी तकनीक

क्षेत्र फोकस

यूरोप - नीदरलैंड

भूमिका फोकस: न्यायाधीश, वकील, कानूनी अधिवक्ता और मध्यस्थ

उत्तरी अमेरिका - सिलिकॉन वैली, यूएसए

भूमिका फोकस: तकनीकी नवप्रवर्तक, डेवलपर्स और इंजीनियर

धर्मशास्त्र फोकस

"यहोवा तेरे शत्रुओं को जो तेरे विरुद्ध उठेंगे, तेरे साम्हने पराजित करेगा... यहोवा तेरे भण्डारों में और जितने काम तू करेगा उन सभों में तुझे आशीष देगा।"

- व्यवस्थाविवरण 28:7–8 ए.एम.पी.

"यदि तुम अपने परमेश्वर यहोवा की आज्ञाओं का पालन करो और उसके मार्गों पर चलो... तो तुम हमेशा शीर्ष पर रहोगे और कभी नीचे नहीं रहोगे।"

- व्यवस्थाविवरण 28:13 NLT

कहानी: "एम्स्टर्डम में धार्मिक शासन"

क्लारा नीदरलैंड में एक सम्मानित सरकारी वकील थीं, जो अपनी सटीकता और निष्पक्षता के लिए जानी जाती थीं। लेकिन एक मामला सब कुछ परखने वाला था।

एक उच्च पदस्थ अधिकारी को सार्वजनिक धन का गबन करते हुए पकड़ा गया था - फिर भी राजनीतिक ताकतों ने उसके कार्यालय पर दबाव डाला कि वह इसे चुपचाप दबा दे। मीडिया में चर्चा होने लगी। उसके सहकर्मियों ने उसे चेतावनी दी, *"सावधान रहो। सिस्टम को हिलाओ मत।"*

लेकिन क्लारा सिर्फ़ एक वकील नहीं थी - वह एक अनुबंधित महिला थी। वह उपवास करती थी। वह प्रार्थना करती थी। और उसे व्यवस्थाविवरण 28 याद था: "तुम सिर बनोगी, पूंछ नहीं।"

अदालत में, उन्होंने एक साहसिक कदम उठाया- **धमकी के बजाय ईमानदारी को चुना** । उन्होंने विनम्रता और साहस के साथ तथ्य सामने रखे। फैसले ने सबको चौंका दिया- लेकिन न्यायपालिका में विश्वास की लहर भी पैदा की।

भ्रष्टाचार विरोधी कानून की नींव बन गया । उसकी आज्ञाकारिता की गूंज अदालत के बाहर भी सुनाई दी।

कहानी: "एक उद्देश्यपूर्ण कोडर"

मार्कस सिलिकॉन वैली में एक शानदार सॉफ्टवेयर इंजीनियर थे। उन्होंने अरबों डॉलर की कंपनियों के लिए शानदार ऐप बनाए थे, लेकिन वे अक्सर एक खालीपन लेकर घर लौटते थे।

एक रात, स्थानीय चर्च में पूजा के दौरान, उन्हें एक अजीब अनुभूति हुई:

"क्या होगा यदि आप लाभ के लिए नहीं बल्कि उद्देश्य के लिए निर्माण करें?"

इससे वह चौंक गया। अगले दिन, उसने एक बड़ा अनुबंध ठुकरा दिया और किशोरों के लिए एक निःशुल्क मानसिक स्वास्थ्य ऐप पर काम करना शुरू कर दिया। उसके पास कोई समर्थक, कोई प्रायोजक नहीं था - केवल दृढ़ विश्वास था।

ब्राइटस्पेस नामक मंच चुपचाप लॉन्च हो गया। इसने चिंता और अवसाद से जूझ रहे युवाओं की मदद करने के लिए शास्त्र-आधारित पुष्टि, निर्देशित श्वास और जर्नलिंग संकेतों का उपयोग किया।

पहले तो यह धीरे-धीरे फैला। फिर एक वीडियो वायरल हो गया:

"इस ऐप ने मुझे अपना जीवन समाप्त करने से रोका।"

आज, *ब्राइटस्पेस* का उपयोग 15 देशों में किया जाता है और इसका पूर्ण वित्तपोषण उन दाताओं द्वारा किया जाता है जो इसके मिशन में विश्वास रखते हैं।

मार्कस रो पड़े जब उन्हें एहसास हुआ: **"कोडिंग एक साम्राज्य हो सकता है।"**

भक्तिपूर्ण अंतर्दृष्टि

न्याय और नवीनता विपरीत प्रतीत हो सकते हैं - लेकिन राज्य में, वे एक साथ काम करते हैं।

- न्यायी पृथ्वी पर परमेश्वर के आदेश को प्रतिबिम्बित करते हैं।
- प्रौद्योगिकीविद ऐसे उपकरण बनाते हैं जो हमारे जीवन और संपर्क को आकार देते हैं।

दोनों को **ऊपर से ज्ञान की आवश्यकता होती है** , और दोनों का दुरुपयोग खतरनाक होता है।

लेकिन जब यहोवा के प्रति समर्पण कर दिया जाता है, तो **सत्य परिवर्तनकारी हो जाता है, और नवीनता शाश्वत हो जाती है** ।

दैनिक घोषणा

मैं धार्मिकता में चलता हूँ। मैं सत्य के लिए खड़ा हूँ। मैं हर निर्णय में यहोवा के न्याय को प्रतिबिम्बित करता हूँ।
मैं सिर्फ़ कोड नहीं बनाता - मैं अनुबंध करता हूँ। मेरा नवाचार चंगा करता है। मेरे उपकरण आशीर्वाद देते हैं। मैं राजा की महिमा करने वाली चीज़ें बनाता हूँ।

प्रार्थना

पिता यहोवा ,
मुझे सत्य पर चलने की शक्ति प्रदान करें - तब भी जब यह महंगा हो। मुझे न्यायालयों और संहिता दोनों में धार्मिकता का रक्षक बनाइए। मेरे द्वारा छुए गए प्रत्येक प्रोजेक्ट पर आपकी उंगलियों के निशान हों। न्याय स्थापित करने और खुशी लाने के लिए मेरे दिमाग, मेरे मुंह और मेरे हाथों का उपयोग करें। **याहशुआ के नाम में** , आमीन।

आज्ञाकारिता कार्रवाई कदम

- **आज जो सही है उसके लिए खड़े हो जाइए** - चाहे वह आपके कार्यालय में हो, स्कूल में हो या बातचीत में। न्याय के छोटे-छोटे कार्य भी संस्कृति को बदल देते हैं।
- **अपने डिजिटल कौशल या मंच को राज्य के किसी कार्य के लिए प्रस्तुत करें** - अपना समय स्वेच्छा से दें, कोई साइट बनाएं, कोई बग ठीक करें, या कोई तकनीकी प्रार्थना समूह शुरु करें।

जर्नल प्रॉम्प्ट्स

- मेरे प्रभाव क्षेत्र में **न्याय की कमी** कहां है ?
- कठिन निर्णयों में साहस और *शालीनता* के साथ कैसे चल सकता हूँ ?
- क्या मैं तकनीक (या परियोजनाएं) का निर्माण अहंकार के लिए कर रहा हूँ - या अनंत काल के लिए?
- **पुनर्स्थापना, मुक्ति या सुरक्षा के लिए** करना कैसा होगा ?

न्याय कमज़ोरी नहीं है। नवाचार यादृच्छिक नहीं है।
जब यहोवा के हृदय के साथ संरेखित होते हैं, तो दोनों एक टूटी हुई दुनिया में उपचार के हथियार बन जाते हैं।

दिन 36: कक्षा में आग और पूर्ण चक्र निष्ठा

क्षेत्र फोकस

एशिया – फिलीपींस
भूमिका फोकस: छात्र, विद्वान और आजीवन शिक्षार्थी

वैश्विक – राष्ट्र की
भूमिका पर ध्यान: हर कोई वाचा में चलता है

शास्त्र चिंतन

"यहोवा तुम्हारे लिये अपने उत्तम भण्डार अर्थात् आकाश को खोल देगा... कि तुम्हारे हाथ के सब कामों को आशीष दे।" – व्यवस्थाविवरण 28:12 ए.एम.पी.

"तू धन्य होगा जब तू भीतर आएगा और धन्य होगा जब तू बाहर जाएगा।" – व्यवस्थाविवरण 28:6 NLT

"यदि तुम आज्ञाओं का पालन करोगे... तो प्रभु तुम्हें सिर बनाएगा, पूंछ नहीं।" – व्यवस्थाविवरण 28:13 NLT

कहानी: "वह छात्र जिसने पाठ्यक्रम की प्रार्थना की"

मारिया मनीला, फिलीपींस में द्वितीय वर्ष की यूनिवर्सिटी की छात्रा थी। काम के बोझ से दबे होने और अपर्याप्तता की भावना से जूझते हुए, उसने एक बार पढ़ाई छोड़ने के बारे में सोचा।

लेकिन जब उसने चर्च में एक रिट्रीट के दौरान व्यवस्थाविवरण 28 पढ़ा तो सब कुछ बदल गया। एक वाक्य स्पष्ट रूप से उभर कर आया: *"प्रभु तुम्हारे हाथों के सभी कामों को आशीर्वाद देगा।"*

इसलिए, उसने अपना पाठ्यक्रम, अपनी पाठ्यपुस्तकें, और अपनी पाठ्यक्रम सूची ली, और उन्हें प्रार्थना में यहोवा के सामने रख दिया।

उसने कहा, "यहोवा, मेरे अध्ययन के साथी बनो। मुझे किताबों से परे सिखाओ। अपनी बुद्धि को मेरे पास रहने दो।"

उसका GPA बढ़ गया। लेकिन उससे भी बढ़कर—उसकी शांति और गहरी हो गई। उसकी खुशी लौट आई।

जल्द ही, उसकी निजी प्रार्थनाएँ सार्वजनिक शक्ति बन गईं। उसके सहपाठियों ने परीक्षा से पहले प्रार्थना करने के लिए कहना शुरू कर दिया। उसका अध्ययन समूह बाइबल अध्ययन बन गया। प्रोफेसरों ने दबाव में उसके शांत रहने को देखा और उसे मानसिक स्वास्थ्य और आस्था पर बोलने के लिए आमंत्रित करना शुरू कर दिया।

आज, वह पाँच विश्वविद्यालयों में कैम्पस शिष्यत्व आंदोलन का नेतृत्व करती है। यह सब इसलिए क्योंकि उसने सिर्फ़ पढ़ाई नहीं की - उसने **सबसे पहले यहोवा की खोज की।**

कहानी: “वह परिवार जो व्यवस्थाविवरण 28 में रहता था”

पूर्वी यूरोप के एक शांत गांव में, इवानोव परिवार ने एक असामान्य निर्णय लिया: हर शुक्रवार की रात, वे एक साथ *व्यवस्थाविवरण 28 को* जोर से पढ़ने के लिए एकत्र होंगे।

यह उनकी पारिवारिक लय बन गयी।

पहले तो ये सिर्फ शब्द थे, लेकिन समय के साथ ये शब्द **संस्कृति बन गए** ।

- जब क्षेत्र में सूखा पड़ा, तब भी उनकी फसलें उगती रहीं।
- जब अन्य लोगों की नौकरियां चली गईं, तो नए ग्राहकों ने उनके दरवाजे पर दस्तक दी।
- जब पड़ोसियों के यहां बीमारी आई तो वे स्वस्थ रहे।
- जब संघर्ष उत्पन्न हुआ, तो शांति ने उनके घर की रक्षा की।

उन्होंने उदारता से दान दिया, सब्त का सम्मान किया, आसानी से माफ़ कर दिया और आतिथ्य का अभ्यास किया। उनके बच्चे खूब फले-फूले—डॉक्टर, कलाकार, मिशनरी बने।

श्री इवानोव ने कहा, "हमने आशीर्वाद का पीछा नहीं किया।" " **यह हमारा पीछा करता रहा।** "

उनकी वाचा परमेश्वर की विश्वासयोग्यता का बहु-पीढ़ीगत ध्वज बन गयी।

भक्तिपूर्ण अंतर्दृष्टि

यहोवा सिर्फ कलीसियाओं में ही प्रकट नहीं होता - वह कक्षाओं, रसोईघरों, बैठक कक्षों और कार्यस्थलों में भी प्रकट होता है।

जब आप **उसे अपनी शिक्षा, अपने घर और अपनी योजनाओं में आमंत्रित करते हैं** , तो कुछ अलौकिक घटित होता है:

- बुद्धि बहती है.
- शांति बढ़ती है.
- आज्ञाकारिता के बाद आशीर्वाद मिलता है।

व्यवस्थाविवरण 28 सिर्फ एक अध्याय नहीं है - यह **दैनिक विजय के लिए एक खाका है** ।

और वाचा में चलना कोई प्राचीन विचार नहीं है - यह एक **आधुनिक चमत्कार है** ।

दैनिक घोषणा

मैं यहोवा के साथ सीखता हूँ। मैं शांति और स्पष्टता के साथ अध्ययन करता हूँ।
मेरा घर धन्य है। मेरा परिवार सुरक्षित है। मेरा भविष्य वाचा में सीलबंद है। मैं आशीर्वाद का पीछा नहीं करता - वे मेरा पीछा करते हैं, क्योंकि मैं यहोवा के साथ चलता हूँ।

प्रार्थना

यहोवा ,
मेरे मन, मेरी स्मृति और मेरे मुँह का अभिषेक करो। मेरी शिक्षा में तुम्हारी महिमा झलके। हर कक्षा, परीक्षा, निर्णय और सपने में उपस्थित रहो। और पिता, 40 दिनों के संरेखण के लिए धन्यवाद। मैं अपने परिवार, अपने भविष्य और अपने विश्वास को आपकी वाचा में चलने के लिए पुनः समर्पित करता हूँ। **याहशुआ के नाम में** , आमीन।

आज्ञाकारिता कार्रवाई कदम

- **यहोवा को** अपनी वर्तमान शैक्षणिक, व्यावसायिक या व्यावसायिक योजनाओं में आमंत्रित करें।
- आज **व्यवस्थाविवरण** 28 **को फिर से पढ़ें** —इसे अपने परिवार या दोस्तों के साथ ज़ोर से पढ़ें। इसे अपना साप्ताहिक स्वीकारोक्ति बना लें।
- **यहोवा से अपने जीवन के एक ऐसे क्षेत्र के लिए प्रार्थना करें** जिसमें उसकी वाचा के साथ गहन संरेखण की आवश्यकता हो।

जर्नल प्रॉम्प्ट्स

- मेरे **अध्ययन, कैरियर या नेतृत्व** जीवन का कौन सा हिस्सा यहोवा को समर्पित किया जाना चाहिए?
- **व्यवस्थाविवरण** 28 **की** कौन सी आयत ने मुझे सबसे अधिक प्रभावित किया है और क्यों?

- इन 40 दिनों के दौरान यहोवा ने मेरे प्रति अपनी **वफादारी** कैसे दिखाई है ?
- वाचा का प्रतिदिन सम्मान करने के लिए मैं कौन सा नया **पारिवारिक या व्यक्तिगत अभ्यास अपना सकता हूँ?**

अंतिम विचार:

यहोवा की वाचा कभी भी मौसमी नहीं थी - यह पीढ़ी दर पीढ़ी चलने वाली थी। जब आप उसके साथ जुड़ते हैं, तो आशीर्वाद सिर्फ़ आपके लिए नहीं होता - यह कई लोगों की विरासत बन जाता है।

दिन 37: राख के बदले सौंदर्य

क्षेत्र फोकस: मध्य पूर्व - लेबनान
भूमिका फोकस: पुनर्वास में महिलाएँ, विधवाएँ, एकल माताएँ

धर्मशास्त्र फोकस

"यहोवा तुझे राख की सन्ती सुन्दरता, और विलाप की सन्ती आनन्द का तेल, और उदासी की सन्ती यश का ओढ़ना देगा..." - यशायाह 61:3a (AMP)
"तुझे लज्जा और अपमान की सन्ती दुगुनी महिमा मिलेगी। तेरे देश में दुगुनी समृद्धि होगी..." - यशायाह 61:7 (NLT)

कहानी: "जैतून के पेड़ की विधवा"

मरियम तीन बच्चों की युवा माँ थी जब युद्ध ने उसके पति को छीन लिया और लेबनान की बेका घाटी में उनके छोटे से जैतून के खेत को नष्ट कर दिया। विस्थापित, दुखी और दरिद्र, वह एक शरणार्थी केंद्र में चली गई जहाँ कई लोगों ने उम्मीद छोड़ दी थी।

लेकिन एक रात, जब वह किसी दूसरी विधवा के बच्चे की देखभाल कर रही थी, तो उसने किसी को यशायाह 61:3 पढ़ते हुए सुना। "राख में सुंदरता" वाक्यांश उसकी आत्मा में जल उठा। उसने फुसफुसाते हुए कहा:

“हे यहोवा, यदि तू अब भी सुन्दरता देता है... तो यह मेरी राख है।”

अगली सुबह, मरियम ने सहायता कार्यकर्ताओं द्वारा दान किए गए बचे हुए साबुन, लैवेंडर और तेल को इकट्ठा किया। उसने अपने हाथों से हीलिंग बाम का पहला बैच बनाया और उसे शिविर में एक पीड़ित महिला को दिया। बाम ने न केवल त्वचा को बल्कि दुख को भी शांत किया।

दूसरों ने भी इसके लिए पूछना शुरू कर दिया। एक छोटा सा दान एक माइक्रोबिजनेस में बदल गया। एक एनजीओ ने उसे आगे बढ़ने में मदद की। दो साल के भीतर, उसके ब्रांड- **ऐश बॉटनिकल्स** ने 15 महिलाओं को रोजगार दिया, जिनमें से कई विधवा थीं या सदमे से उबर रही थीं।

मरियम अंततः अपने गांव लौट आई। उसका खेत, जो कभी नुकसान का कब्रिस्तान था, अब पुनरुद्धार का मुख्यालय बन गया।

उनके शब्द आज भी गूंजते हैं:

"राख का मतलब अंत नहीं है - वह पुनरुत्थान की मिट्टी है।"

भक्तिपूर्ण अंतर्दृष्टि

यहोवा दर्द को बरबाद नहीं करता। जहाँ दुनिया बर्बादी देखती है, वहाँ **वह जड़ें देखता है।**
जहाँ दूसरे लोग पीड़ित को देखते हैं, वहाँ **वह बर्तन को देखता है।**
जब जीवन जल जाता है, तो उसकी आत्मा सुंदरता का निर्माण करती है - **राख के बावजूद नहीं, बल्कि उससे।**

सुधार कमजोरी नहीं है - यह **एक दिव्य पुनर्निर्माण है।**

जब आप यहोवा को *हाँ कहते हैं*, तो टूटे हुए मन में भी, **वह आपके घावों को ऐसी युक्तियों में बदल देता है** जो दूसरों को आशीष देती हैं।

दैनिक घोषणा

मैं भूला नहीं गया हूँ। मैं त्यागा नहीं गया हूँ।
यहोवा मुझे हर राख के बदले सुंदरता देता है, हर दर्द के बदले प्रशंसा, हर शर्म के बदले सम्मान। मैं खुशी से उठता हूँ। मैं अनुग्रह के साथ निर्माण करता हूँ। मैं राख में भी दूसरों के लिए आशा लेकर चलता हूँ।

प्रार्थना

अब्बा पिता ,
जब कोई और मुझे नहीं देख पाया, तब मुझे देखने के लिए आपका धन्यवाद। अपनी महिमा के लिए मेरी राख का व्यापार करने के लिए आपका धन्यवाद। मेरा सिर ऊँचा करो। मेरे दिल को चंगा करो। मेरे दर्द को एक मंच बनाओ। मेरी कहानी का उपयोग दूसरों के पुनर्निर्माण के लिए करें। बर्बाद हुए वर्षों को बहाल करें, और उन लोगों तक आपकी आशा पहुँचाने के लिए मेरा अभिषेक करें जो अभी भी शोक मना रहे हैं। **याहशुआ के नाम में** , आमीन।

आज्ञाकारिता कार्रवाई कदम

- आज **अपने हाथों से कुछ ऐसा बनाएं या भेंट करें** - चाहे वह कितना भी छोटा क्यों न हो - जो दूसरों के लिए उपचार, आशा या शांति लाए।
- **शोक में डूबे किसी व्यक्ति को जीवन प्रदान करें** - चाहे फोन करके, संदेश भेजकर, या दयालुता के भाव से।

जर्नल प्रॉम्प्ट्स

- मैंने कौन सी "राख" का अनुभव किया है जिसे यहोवा **सुन्दरता में बदलना चाहता है** ?
- **उपचार के लिए** एक मंच के रूप में कैसे उपयोग कर सकता हूँ ?
- कौन सा **रचनात्मक उपहार या छोटा संसाधन है** जिसे मैंने कम आंका है?
- यहोवा मुझे किस प्रकार **आनन्द पुनः स्थापित करने के लिए बुला रहा है** , चाहे मेरे जीवन में या किसी और के जीवन में?

विरासत विचार

खुशी का तेल उन हाथों से सबसे अच्छा बहता है जो दुःख में काँपते रहे हैं लेकिन यहोवा के स्पर्श के लिए खुले रहे हैं।

आज, **आपकी चंगाई किसी और की उम्मीद है** । उसे अपनी राख को आग से बदलने दें।

दिन 38: दीवारों पर पहरेदार

क्षेत्र फोकस: एशिया - इज़राइल
भूमिका फोकस: मध्यस्थ, भविष्यवाणी की आवाज़ें और प्रार्थना योद्धा

धर्मशास्त्र फोकस

"हे यरूशलेम, मैं ने तेरी शहरपनाह पर पहरेदार बैठा दिए हैं; वे दिन -रात चुप न रहेंगे... जब तक कि वह पृथ्वी पर उसकी प्रशंसा न फैला दे।" – यशायाह 62:6–7 (NKJV)
"धर्मी व्यक्ति की प्रार्थना में बड़ी शक्ति होती है और वह अद्भुत परिणाम उत्पन्न करती है।" – याकूब 5:16b (NLT)

कहानी: "दादी जो सोती नहीं थी"

तामार 84 साल की थी और गलील में चुपचाप रहती थी। वह 30 साल से ज़्यादा समय से विधवा थी, उसके दिन सादगी से गुज़रते थे, लेकिन उसकी रातें शक्ति से भरी होती थीं।

हर आधी रात को तामार प्रार्थना करने के लिए उठती थी। वह किसी मंत्रालय टीम का हिस्सा नहीं थी, उसका कोई सार्वजनिक प्रोफ़ाइल नहीं था, और वह सोशल मीडिया का इस्तेमाल नहीं करती थी। लेकिन उसके पास **एक नक्शा, एक चटाई और एक आदेश था** ।

वह शहरों, नामों और राष्ट्रों पर हाथ रखती थी। एक रात, उसे नाइजीरिया में स्कूली बच्चों के लिए प्रार्थना करने का बोझ महसूस हुआ। एक और रात, उसने सीरिया में पानी की पहुँच के लिए मध्यस्थता की।

उसे पता नहीं था कि प्रत्येक प्रार्थना **अदृश्य युद्ध को रोक रही थी** ।

जब एक मिशनरी ने उनसे मुलाकात की और बताया कि उनकी यह अप्रत्याशित सफलता "इस्राएल में प्रार्थना करने वाले किसी व्यक्ति" के कारण हुई है, तो तामार रो पड़ी।

"मैंने केवल वही किया जो यहोवा ने मुझसे कहा था... जागते रहो।"

जब उनसे पूछा गया कि उन्होंने ऐसा करना क्यों नहीं रोका, तो उन्होंने मुस्कुराते हुए कहा:

"क्योंकि यरूशलेम की प्रशंसा अभी पूरी पृथ्वी पर नहीं हुई है—और तब तक, मैं सेवानिवृत्त नहीं होऊंगा। मैं उठूंगा।"

भक्तिपूर्ण अंतर्दृष्टि

मध्यस्थ **स्वर्ग की चेतावनी प्रणाली हैं** - वे दूसरों से पहले देखते हैं, दूसरों से पहले महसूस करते हैं, और जब दूसरे सोते हैं तब बोलते हैं।

आप भले ही कोई उपाधि धारण न करें, परन्तु आत्मा में आप **कवच धारण करते हैं।**

यहोवा गुप्त लोगों की पुकार का आदर करता है। **जो कुछ तू गुप्त में छिपाता है, वह उसे प्रगट में प्रतिफल देता है।**

चौकीदार होने का मतलब है कि **आप दरार को देखते हैं और उसमें खड़े होते हैं। आप दरार को महसूस करते हैं और उसे पाटते हैं।** आप प्रसिद्धि के लिए नहीं, बल्कि फल के लिए बोझ उठाते हैं।

दैनिक घोषणा

मैं यहोवा का पहरेदार हूँ। मैं अपने काम में नहीं सोता।
मेरी प्रार्थनाएँ व्यवस्थाओं को हिला देती हैं, जंजीरों को खोल देती हैं, और स्वर्ग को खोल देती हैं। मैं तब तक पुकारता हूँ जब तक कि हर द्वार बहाल नहीं हो जाता और हर दीवार फिर से नहीं बन जाती।

प्रार्थना

पिता यहोवा ,
मुझे रात के पहरे में विश्वासयोग्य बना। मुझे राष्ट्रों के लिए आपकी दिल की धड़कन सुनने और जवाब देने दें। मेरे मुँह को आराधना के साथ युद्ध करना सिखाएँ, और मेरे हाथों को प्रार्थना के माध्यम से निर्माण करना सिखाएँ। जब तक यरूशलेम चमकता नहीं है और पृथ्वी आपकी महिमा से गूंजती नहीं है - मुझे सतर्क, संरेखित और अभिषिक्त रखें। यहोशू के शक्तिशाली नाम में, आमीन।

आज्ञाकारिता कार्रवाई कदम

- आज एक विशेष समय चुनकर **उस क्षेत्र या मुद्दे के लिए प्रार्थना करें** जिसे यहोवा ने आपके हृदय में रखा है।
- **व्यक्तिगत मध्यस्थता मानचित्र** बनाएं या अपडेट करें - उन शहरों, लोगों या राष्ट्रों को चिह्नित करें जिन पर आप इस मौसम में निगरानी रखने के लिए प्रतिबद्ध हैं।

जर्नल प्रॉम्प्ट्स

- यहोवा मुझे अभी "दीवार पर खड़े होने" के लिए कहां बुला रहा है?
- उसने मुझे किसको या किस चीज़ को मध्यस्थता में शामिल करने का काम सौंपा है?
- मैंने अपनी शांत प्रार्थनाओं के प्रभाव को कैसे कम करके आंका है?
- मुझे किन "आधी रात के क्षणों" के लिए जगाया जा रहा है?

विरासत विचार

चौकीदार वाहवाही नहीं चाहते। वे तालमेल चाहते हैं।
अगर दुनिया आपको कभी नहीं देखती, लेकिन स्वर्ग आपका नाम जानता है, तो आपने अच्छा किया है।

आपकी मध्यस्थता अदृश्य हो सकती है, लेकिन यह कभी अप्रभावी नहीं होती।

दिन 39: अगली पीढ़ी के निर्माता

क्षेत्रीय फोकस: अफ्रीका - रवांडा
भूमिका फोकस: शिक्षक, सलाहकार, युवा नेता, माता-पिता और शिष्यत्व प्रशिक्षक

धर्मशास्त्र फोकस

"यहोवा तुझे सिर बनाएगा, पूंछ नहीं; और तू ऊपर की ओर ही बढ़ेगा, नीचे की ओर नहीं; यदि तू अपने परमेश्वर यहोवा की आज्ञाओं को जो मैं आज तुझे सुनाता हूं ध्यान से मान, और उनके मानने में चौकसी करे।" – **व्यवस्थाविवरण** 28:13 **ए.एम.पी.**

"लड़के को उसी मार्ग की शिक्षा दे जिस में उसको चलना चाहिए, और वह बुढ़ापे में भी उस से न हटेगा।" – **नीतिवचन** 22:6

"एक पीढ़ी दूसरी पीढ़ी को तेरे कामों की प्रशंसा करेगी, और तेरे पराक्रम के कामों का वर्णन करेगी।" – **भजन** 145:4

कहानी: "वह उत्तरजीवी जिसने निर्माण करना चुना"

1994 में, रवांडा नरसंहार से तबाह हो गया था। जीन-पॉल सिर्फ़ 9 साल का था जब उसने अपने पिता और दो भाई-बहनों को मरते हुए देखा। वह अपनी माँ के साथ भाग गया और अनुग्रह से बच गया, कई सालों

तक शरणार्थी शिविर में रहा। आघात गहरा था, लेकिन यहोवा पहले से ही एक बड़ी योजना बना रहा था।

19 साल की उम्र में, जीन-पॉल की मुलाक़ात याहशुआ से एक पुनरुत्थान सेवा में हुई। कड़वाहट पिघलने लगी। एक रात प्रार्थना में, उसने सुना:
"तुम उस चीज़ का पुनर्निर्माण करोगे जिसे घृणा ने नष्ट करने की कोशिश की थी।"

कॉलेज की डिग्री न होने, थोड़े से पैसे और उधार ली गई बाइबिल के साथ वह अपने गांव लौट आया। वहां उसे तबाही का सामना करना पड़ा: अनाथ बच्चे भटक रहे थे, परिवार टूट रहे थे, स्कूल खाली पड़े थे।

लेकिन जीन-पॉल ने अनुमति या सही परिस्थितियों का इंतज़ार नहीं किया। उन्होंने एक पेड़ ढूंढा, कुछ बच्चों को इकट्ठा किया और पढ़ाना शुरू कर दिया।

पढ़ना. लिखना. धर्मशास्त्र. क्षमा.

पहले तो लोग हँसे - " एक अनाथ क्या सिखा सकता है?" लेकिन जीन-पॉल बोना जारी रखा।

उन्होंने भजन पढ़कर साक्षरता सिखाई। उन्होंने दयालुता के कार्यों की गिनती करके गणित सिखाया। उन्होंने हत्या के गवाह बने बच्चों को क्षमा का आदर्श प्रस्तुत करके संघर्ष समाधान सिखाया।

कुछ बहुत हो गए। 7, 70 हो गए। 70, 300 हो गए।

28 साल की उम्र तक जीन-पॉल ने दान की गई ईंटों और ईश्वरीय कृपा से 500 से ज़्यादा बच्चों के लिए एक स्कूल बनवा दिया था। इसे **"रीबिल्डर्स एकेडमी" कहा जाता था।**

उनका दृष्टिकोण विकसित हुआ: न केवल कक्षाएँ, बल्कि **चरित्र निर्माण भी** । उन्होंने युवा नेताओं को तैयार किया, शिक्षकों को बाइबिल के मूल्यों का प्रशिक्षण दिया, और किशोरों के लिए शाम की शिष्यता शुरू की।

उनके पहले छात्रों में से एक अब अनाथालय चलाता है। दूसरा दक्षिण अफ्रीका में युवा पादरी बन गया। तीसरा, किगाली में बाल संरक्षण कानूनों की वकालत करने वाला वकील है।

जीन-पॉल कभी भी धन से समृद्ध नहीं हुए - लेकिन वे **विरासत से समृद्ध हो गए** । उनका प्रभाव शाश्वत हो गया।

वह अक्सर कहते हैं,

"मैं युद्ध में अनाथ हो गया था, लेकिन यहोवा ने मुझे भाग्य का पिता बना दिया। मैं इसलिए सिखाता हूँ क्योंकि किसी को आशीर्वाद देना चाहिए।"

भक्तिपूर्ण अंतर्दृष्टि

व्यक्तिगत सफलता से ग्रस्त इस संसार में, **परमेश्वर हमें अनन्त उत्तराधिकार के लिए बुलाता है** ।

अगली पीढ़ी को तैयार करना सिर्फ़ एक कार्यक्रम से ज़्यादा है - यह एक आह्वान है। चाहे आप माता-पिता हों, गुरु हों, शिक्षक हों, कोच हों, युवा कार्यकर्ता हों या फिर कोई ऐसा व्यक्ति जो युवाओं पर ध्यान देता हो - **आप एक निर्माता हैं** ।

शिष्य बनने के लिए आपको किसी उपदेशक की आवश्यकता नहीं है। आपको उपस्थिति, धैर्य और उद्देश्य की आवश्यकता है।

यहाँ तक कि संसार को मुक्ति दिलाने की याहशुआ की योजना भी भीड़ पर आधारित नहीं थी - बल्कि **उन 12 लोगों पर आधारित थी जिन्हें** वह **प्रतिदिन शिष्य बनाता था** ।

विरासत एक दिन में नहीं बनती, बल्कि प्रतिदिन बनती है।

एक जीवन में आपका निवेश एक ऐसी लहर बन सकता है जो शहरों को बदल सकती है। भगवान उन लोगों को आशीर्वाद देते हैं जो पेड़ों की तरह खुद को रोपना चुनते हैं और अगली पीढ़ी को छाया देते हैं।

दैनिक घोषणा

मैं विरासत का निर्माता हूँ।
मैं आशा की आवाज़ उठाता हूँ, सत्य का वाहक हूँ, और परिवर्तन का वाहक हूँ। यहोवा मेरे मार्गदर्शन का अभिषेक करता है, मेरे संदेश को बढ़ाता है, और अगली पीढ़ी में मेरे द्वारा बोए गए हर बीज को आशीर्वाद देता है।

प्रार्थना

यहोवा, मास्टर बिल्डर,
मुझे ऐसे नेताओं को बढ़ाने के लिए इस्तेमाल करें जो आपके मार्गों पर चलेंगे। मुझे छिपे हुए काम में वफादार बनाओ - प्यार, शिक्षा, सलाह और मार्गदर्शन। थकावट को दूर करें और नए जोश को जगाएँ। अगली पीढ़ी के लिए मेरे द्वारा बोले गए हर शब्द में आग हो। जिन बच्चों की मैं सेवा करता हूँ, वे दानिय्येल, एस्तेर , जोसेफ और डेबोरा के रूप में विकसित हों ।
मैं आपको अपना समय, अपनी आवाज़, अपना अनुभव देता हूँ। अनंत फल के लिए इसे बढ़ाएँ। याहशुआ के शक्तिशाली नाम में, आमीन।

आज्ञाकारिता कार्रवाई कदम

- **किसी एक युवा व्यक्ति से संपर्क करें** - एक छात्र, शिष्य या रिश्तेदार। जीवन के बारे में बात करें। प्रोत्साहित करें। बातचीत के लिए आमंत्रित करें।
- अनौपचारिक रूप से भी **मार्गदर्शन करने के लिए प्रतिबद्ध रहें** । कॉफी, बाइबल योजना, या प्रार्थना से शुरुआत करें।
- **तीन सत्य लिखिए** जो आप चाहते थे कि कोई आपको 15 वर्ष की आयु में बताए। उन्हें 25 वर्ष से कम आयु के किसी व्यक्ति के साथ साझा करें।

जर्नल प्रॉम्प्ट्स

1. यहोवा ने मेरे चारों ओर किसे रखा है कि मैं निर्माण करने के लिए बुलाया गया हूँ?
2. मेरी अपनी कहानी का कौन सा हिस्सा किसी युवा को प्रेरित या मार्गदर्शन कर सकता है?
3. क्या मैं बुद्धि बोने में वफ़ादार रहा हूँ—या क्या मैंने अगली पीढ़ी की उपेक्षा की है?
4. इस महीने मैं कौन सी विरासत परियोजना शुरू कर सकता हूँ - बड़ी या छोटी?

विरासत प्रतिबिंब

शिक्षण केवल एक नौकरी नहीं है - यह एक मंत्रालय है।
राज्य में मेंटरशिप वैकल्पिक नहीं है - यह **रणनीतिक उत्तराधिकार है।**
दुनिया को प्रभावशाली लोगों से ज़्यादा की ज़रूरत है। इसे **बिल्डरों की ज़रूरत है** ।
और बिल्डरों को खुद से परे सोचना चाहिए। क्योंकि **शाश्वत इमारतें लोगों से बनती हैं, ईंटों से नहीं।**

दिन 40: पूर्ण चक्र निष्ठा

वैश्विक – राष्ट्र की
भूमिका फोकस: हर कोई वाचा में चल रहा है
विषय: आज्ञाकारिता, अतिप्रवाह और शाश्वत प्रभाव से चिह्नित जीवन

धर्मशास्त्र फोकस

"यदि तुम अपने परमेश्वर यहोवा की पूरी तरह से आज्ञा मानोगे और उसकी सभी आज्ञाओं का पालन करोगे... तो तुम्हारा परमेश्वर यहोवा तुम्हें संसार की सभी जातियों से श्रेष्ठ करेगा। यदि तुम अपने परमेश्वर यहोवा की आज्ञा मानोगे तो तुम इन सभी आशीषों का अनुभव करोगे..."

- **व्यवस्थाविवरण** 28:1–2 NLT

"धन्यवाद, अच्छे और विश्वासयोग्य सेवक... आओ और अपने स्वामी की खुशी में शरीक हो जाओ!"

— **मत्ती** 25:23 NIV

अंतिम कहानी: "वह परिवार जो व्यवस्थाविवरण 28 में रहता था"

पूर्वी यूरोप के एक छोटे से गांव में **इवानोव परिवार रहता था** - साधारण, दुनिया में अज्ञात, लेकिन स्वर्ग में जाना जाता था।

30 से अधिक वर्षों तक, वे हर सोमवार की सुबह इसी तरह से शुरू करते थे:
कॉफी, पवित्रशास्त्र और एक अध्याय - **व्यवस्थाविवरण** 28 **के साथ** ।

पापा इवानोव कहते थे, "हम आशीर्वाद के पीछे नहीं भागते। हम आज्ञाकारिता के पीछे भागते हैं। आशीर्वाद हमारा पीछा करते हैं।"

वे अमीर नहीं थे। उनका घर भव्य नहीं था। लेकिन उसमें **शांति थी** ।

जब सूखा पड़ा, तब भी उनकी फसलें फल देती रहीं।

जब बीमारी आई, तो वे खड़े हो गए और ठीक हो गए।

जब युद्ध ने सीमाओं को खतरे में डाला, तब भी वे सुरक्षित रहे।

सिद्धांत और उपस्थिति में स्थिर होकर बड़ा हुआ ।

सबसे बड़ी बेटी शरणार्थी शिविरों में डॉक्टर बन गई।
दूसरे ने मोल्दोवा में स्कूल बनवाए। उनकी बेटी ने पूरे यूरोप में हाउस चर्च स्थापित किए। सबसे छोटी बेटी ने परिवार के खेत की देखभाल की - और इसे युवाओं के लिए प्रार्थना और शिष्यत्व का स्थान बना दिया।

अंततः गाँववालों ने अपनी ज़मीन को **"धन्य स्थान" कहना शुरू कर दिया।** विलासिता के कारण नहीं, बल्कि इसलिए कि **यहोवा की उपस्थिति वहाँ रहती थी।**

उनकी विरासत आकर्षक नहीं थी, लेकिन यह *शाश्वत थी*।
उनका जीवन वायरल नहीं था, लेकिन वे *विजयी थे*।
उनके नाम रोशनी में नहीं थे - बल्कि **जीवन की पुस्तक में उकेरे गए थे।**

और जब पापा इवानोव 91 वर्ष की आयु में गुजरे, तो उनके अंतिम शब्द थे:

"यह कभी भी ज्ञात होने के बारे में नहीं था। यह उसे जानने और उसे ज्ञात करने के बारे में था।"

भक्तिपूर्ण अंतर्दृष्टि

परिणाम की तुलना में आज्ञाकारिता की लय सीखने के बारे में थी ।

वफादारी कभी व्यर्थ नहीं जाती.

समर्पण का प्रत्येक कार्य... फुसफुसाकर कही गई प्रत्येक प्रार्थना... विश्वास में बोया गया प्रत्येक बीज...
ईश्वर ने **इसे देखा** , **इसे आशीर्वाद दिया** , और **इसे उन तरीकों से बढ़ा रहा है** , जिनके बारे में आप कभी भी पूरी तरह से नहीं जान सकते - अनंत काल के इस ओर।

व्यवस्थाविवरण 28 **सिर्फ़ एक वादा नहीं है। यह एक नमूना है।**
और जो लोग इस पर चलते हैं वे यहोवा की वाचा के चलते-फिरते गवाह बन जाते हैं।

सबसे बड़ी विरासत वह नहीं है जो आप पीछे छोड़ते हैं - सबसे बड़ी विरासत वह है **कि आप किसे पालते हैं** , **क्या बनाते हैं** , और जब तक आपकी सांसें चलती रहीं, **आपने किसका अनुसरण किया ।**

अंतिम घोषणा

मैं असीम रूप से धन्य हूँ - सहजता के कारण नहीं, बल्कि आज्ञाकारिता के कारण।
मैं वाचा में चलता हूँ। मैं उद्देश्य के साथ जीता हूँ। मैं विश्वास के साथ गुणा करता हूँ। यहोवा मेरी विरासत है - और मेरी विरासत शाश्वत है।
मैं एक अंधेरी दुनिया में एक जलती हुई ज्योति हूँ। मैं वफ़ादारी का बीज हूँ - और वादे का फल हूँ।

प्रार्थना

अब्बा पिता, वाचा के रक्षक,
इस यात्रा के लिए आपका धन्यवाद। हर सबक, हर विस्तार, हर कदम के लिए आपका धन्यवाद।
मैं आपके मार्गों पर चलने के लिए फिर से प्रतिबद्ध हूँ - आशीर्वाद के लिए नहीं, बल्कि इसलिए कि आप योग्य हैं।
मेरा जीवन आपकी अच्छाई को प्रतिबिंबित करे और आपकी महिमा को आगे बढ़ाए।
आज के दिन से, मुझे कभी भी लापरवाही से नहीं, बल्कि वाचा के अनुसार जीने दें ।
मुझे यह आग आने वाली पीढ़ियों तक पहुँचाने दें।
मेरी अंतिम साँस खुशी से गूंजे: 'मैंने आपका पूरी तरह से अनुसरण

किया।'
याहशुआ के नाम पर , आमीन।

आज्ञाकारिता कार्रवाई कदम

- **एक पत्र लिखें** (या वॉयस नोट रिकॉर्ड करें) - उन्हें बताएं कि आपने आज्ञाकारिता क्यों चुनी। आशीर्वाद दें।
- **इस 40-दिवसीय भक्तिमय कार्यक्रम की समीक्षा करें।** उन दिनों को घेरें जिन्होंने आप पर सबसे अधिक प्रभाव डाला। उन्हें अपने अगले 40 दिनों का मार्गदर्शन करने दें।
- **अपनी गवाही साझा करें।** एक सबक चुनें और उसे किसी मित्र, समूह, ऑनलाइन या अपनी पत्रिका के साथ साझा करें। आपकी आज्ञाकारिता किसी और के लिए सफलता का द्वार खोल सकती है।

अंतिम जर्नल प्रॉम्प्ट्स

1. इस भक्तिमय कार्यक्रम में कौन सा दिन/दिन मेरे सोच में या परमेश्वर के साथ चलने में परिवर्तन का प्रतीक रहा?
2. पिछले 40 दिनों में मैंने अपने जीवन में यहोवा की वाचा की आशीषों को कैसे देखा है?
3. मेरी यात्रा को कौन देख रहा है - और मैं उन्हें कैसे शिष्य या मार्गदर्शक बना सकता हूँ?
4. मैं अपने पीछे क्या विरासत छोड़ना चाहता हूँ? क्या मेरे बाद भी जीवित रहेगा?

यात्रा जारी है...

यह अंत नहीं है। यह तो कमीशनिंग है।

अब जबकि आप आज्ञाकारिता और अंतर्दृष्टि के 40 दिनों से गुजर चुके हैं - आप जिम्मेदार हैं।

इस अग्नि को अपने परिवार, क्षेत्र, शहर और व्यवसाय में ले जाने की जिम्मेदारी आपकी है।

इस भक्ति को सिर्फ समाप्त मत करो। **स्वयं भक्ति बन जाओ।**

व्यवस्थाविवरण 28.

अपने जीवन को इसका उपदेश देने, इसे गाने, इसे बनाने, इसे रोपने, इसे सिखाने और इसे आगे बढ़ाने दीजिए।

अंतिम आशीर्वाद

प्रभु आपको आशीर्वाद दें और आपकी रक्षा करें।
वह आप पर अपना मुख चमकाए।
आपका आना-जाना धन्य हो।
आपकी आज्ञाकारिता पीढ़ियों तक गूंजती रहे।
और आपका जीवन फिर कभी साधारण न हो।
याहशुआ के नाम पर , **आमीन।**

निष्कर्ष: वचन के अनुसार जीवन जीना

आप 40वें दिन तक पहुँच चुके हैं - लेकिन यह अंत नहीं है।
यह वाचा के प्रति पूरी तरह से जागृत जीवन की शुरुआत है।

पिछले 40 दिनों में, आपने घोषणा की है, जर्नल लिखा है, काम किया है, चिंतन किया है और विश्वास किया है। आपने हर महाद्वीप की कहानियों को पढ़ा है और यहोवा के आशीर्वाद को क्रियान्वित होते देखा है - बाज़ारों, जेलों, कक्षाओं, न्यायालयों, रसोई, बोर्डरूम, शरणार्थी शिविरों और उससे भी आगे।

यह भक्ति केवल नई चीजें सीखने के बारे में नहीं थी।
यह एक नया व्यक्ति बनने के बारे में थी। ऐसा व्यक्ति नहीं जो केवल वादे दोहराता है - बल्कि ऐसा व्यक्ति जो **प्रतिदिन उन पर चलता है** ।

अब **आशीर्वाद को साहसपूर्वक जीने का समय आ गया है** :

- व्यवस्थाविवरण 28 को तब तक बोलते रहें जब तक कि यह आपकी डिफ़ॉल्ट भाषा न बन जाए।
- आज्ञा का पालन करते रहें, भले ही यह कठिन या अलोकप्रिय हो।
- यहोवा की आत्मा के मार्गदर्शन में अपना समय, अपनी प्रतिभा, अपने संसाधन देते रहें।
- दूसरों तक पहुँचते रहिए - अपने परिवार, मित्रों, शहर और राष्ट्रों तक।
- आत्मीयता और समर्पण की वेदी पर लौटते रहें।
- **नियम-कानून से नहीं, बल्कि प्रेम से** निभाओ ।

यहोवा एक ऐसे बचे हुए लोगों को खड़ा कर रहा है जो संस्कृति के आगे नहीं झुकेंगे बल्कि जहाँ कहीं भी जाएँगे वहाँ वाचा की संस्कृतियाँ बनाएंगे। आप उनमें से एक हैं।

यह आशीर्वाद सिर्फ़ आपके लिए नहीं है। यह आपके बच्चों, आपके सहकर्मियों, आपके चर्च, आपके शहर के लिए है। आपकी कहानी अब **उनकी वैश्विक कहानी** का हिस्सा है ।

इसलिए उठो। जाओ। घोषणा करो। जियो।
दुनिया को यहोवा की आवाज़ के प्रति पूरी तरह समर्पित जीवन की शक्ति देखने दो।

आशीर्वाद तुम्हारे पीछे नहीं है।
यह तुम्हारे भीतर है।
अब इसे राष्ट्रों तक ले जाओ।

अनुबंध साझेदारी में,
राजदूत मंडे ओ. ओगबे ,
जकारियास गॉडसीगल ,
कम्फर लाडी ओगबे

दोबारा जन्म कैसे लें और मसीह के साथ नया जीवन कैसे शुरू करें

हो सकता है कि आप पहले भी यीशु के साथ चल चुके हों, या हो सकता है कि आप इन 40 दिनों में उनसे मिले हों। लेकिन अभी, आपके अंदर कुछ हलचल हो रही है।

आप धर्म से ज़्यादा के लिए तैयार हैं।
आप **रिश्ते के लिए तैयार हैं** ।
आप यह कहने के लिए तैयार हैं, "यीशु, मुझे आपकी ज़रूरत है।"

सच्चाई यह है:

"क्योंकि सब ने पाप किया है; हम सब परमेश्वर की महिमा के मापदण्ड से रहित हैं... तौभी परमेश्वर अपने अनुग्रह से हमें अपने सम्मुख धर्मी ठहराता है।"
- रोमियों 3:23–24 (एनएलटी)

आप मुक्ति नहीं कमा सकते।
आप खुद को ठीक नहीं कर सकते। लेकिन यीशु ने पहले ही पूरी कीमत चुका दी है - और वह आपका घर में स्वागत करने के लिए इंतज़ार कर रहा है।

दोबारा जन्म कैसे लें

नये सिरे से जन्म लेने का अर्थ है अपने जीवन को यीशु को समर्पित करना - उसकी क्षमा को स्वीकार क़रना, यह विश्वास करना कि वह

मरा और फिर से जी उठा, और उसे अपने प्रभु और उद्धारकर्ता के रूप में स्वीकार करना।

यह सरल है। यह शक्तिशाली है। यह सब कुछ बदल देता है।

ज़ोर से प्रार्थना करें:

"प्रभु यीशु, मैं विश्वास करता हूँ कि आप परमेश्वर के पुत्र हैं।
मेरा मानना है कि आप मेरे पापों के लिए मरे और फिर से जी उठे।
मैं स्वीकार करता हूँ कि मैंने पाप किया है और मुझे आपकी क्षमा की आवश्यकता है।
आज, मैं पश्चाताप करता हूँ और अपने पुराने तरीकों से फिरता हूँ।
मैं आपको अपने जीवन में आमंत्रित करता हूँ ताकि आप मेरे प्रभु और उद्धारकर्ता बन सकें।
मुझे धोकर साफ़ करें। मुझे अपनी आत्मा से भरें।
मैं घोषणा करता हूँ कि मैं फिर से जन्मा हूँ, क्षमा किया गया हूँ और मुक्त हूँ।
आज के दिन से, मैं आपका अनुसरण करूँगा —
और मैं आपके कदमों पर जीऊँगा।
मुझे बचाने के लिए आपका धन्यवाद। यीशु के नाम में, आमीन।"

उद्धार के बाद अगले कदम

1. **किसी को बताएं** – अपने निर्णय को उस विश्वासी के साथ साझा करें जिस पर आप भरोसा करते हैं।

2. **बाइबल-आधारित चर्च खोजें - ऐसे समुदाय से जुड़ें जो परमेश्वर के वचन को सिखाता है और उस पर चलता है।** https://www.otakada.org या https://chat.whatsapp.com/H67spSun32DDTma8TLh0ov के ज़रिए ऑनलाइन गॉड्स ईगल मंत्रालयों पर जाएँ
3. **बपतिस्मा लें** – अपने विश्वास की घोषणा करने के लिए सार्वजनिक रूप से अगला कदम उठाएँ।
4. **प्रतिदिन बाइबल पढ़ें** – यूहन्ना के सुसमाचार से शुरू करें।
5. **प्रतिदिन प्रार्थना करें** – परमेश्वर से मित्र और पिता के रूप में बात करें।
6. **जुड़े रहें** - अपने आसपास ऐसे लोगों को रखें जो आपकी नई राह को प्रोत्साहित करते हैं।
7. **समुदाय के भीतर शिष्यत्व प्रक्रिया शुरू करें** – इन लिंक के माध्यम से यीशु मसीह के साथ व्यक्तिगत संबंध विकसित करें

   40-दिवसीय शिष्यत्व 1 - https://www.otakada.org/get-free-40-days-online-discipleship-course-in-a-journey-with-jesus/

   40 शिष्यत्व 2 - https://www.otakada.org/get-free-40-days-dna-of-discipleship-journey-with-jesus-series-2/

मेरी मुक्ति का क्षण

तारीख : ______________________

हस्ताक्षर : ____________________

"यदि कोई मसीह में है तो वह नई सृष्टि है; पुरानी बातें बीत गई हैं; देखो, सब बातें नई हो गई हैं!"
—2 कुरिन्थियों 5:17

मसीह में नए जीवन का प्रमाण पत्र

उद्धार की घोषणा – अनुग्रह द्वारा दोबारा जन्म

यह प्रमाणित करता है कि

____

(पूरा नाम)

यीशु मसीह पर प्रभु और उद्धारकर्ता के रूप में
सार्वजनिक रूप से विश्वास व्यक्त किया है और उसकी मृत्यु और पुनरुत्थान के माध्यम से उद्धार का मुफ्त उपहार प्राप्त किया है।

"यदि तुम खुले तौर पर घोषणा करो कि यीशु प्रभु है और अपने दिल में विश्वास करो कि परमेश्वर ने उसे मृतकों में से जीवित किया है, तो तुम बच जाओगे।"
- रोमियों 10: 9 (एनएलटी)

इस दिन स्वर्ग आनन्दित होता है और एक नई यात्रा शुरू होती है।

निर्णय की तिथि : ____________________________

हस्ताक्षर : __________________________________

मुक्ति घोषणा

"आज, मैं अपना जीवन यीशु मसीह को समर्पित करता हूँ।
मेरा मानना है कि वह मेरे पापों के लिए मरा और फिर से जी उठा। मैं

उसे अपने प्रभु और उद्धारकर्ता के रूप में स्वीकार करता हूँ। मुझे क्षमा कर दिया गया है, मेरा पुनर्जन्म हुआ है, और मैं नया बना हूँ। इस क्षण से आगे, मैं उसके पदचिन्हों पर चलूँगा।"

वेलकम टू द फैमिली ऑफ गॉड!

आपका नाम मेम्ने की जीवन की पुस्तक में लिखा गया है।
आपकी कहानी अभी शुरू ही हुई है - और यह अनंत है।

हमसे जुड़ें, दान दें और बढ़ें

अपनी वाचा यात्रा को और आगे ले जाएं - एक बार में एक स्कैन।

1. हमारी वैश्विक प्रार्थना और सहायता टीम से जुड़ें

प्रार्थना अनुरोध, मध्यस्थता की आवश्यकताएं, गवाहियां प्रस्तुत करें या आध्यात्मिक मार्गदर्शन के लिए हमसे संपर्क करें।

स्कैन क्यू आर कोड
https://www.otakada.org/contact-us-otakada/

Connect with Us

2. परमेश्वर की वाचा के कार्यों के लिए दान दें

वाचा-आधारित दान के माध्यम से राज्य परियोजनाओं, मिशनों और मुफ़्त वैश्विक संसाधनों का समर्थन करें।

दान देने के लिए QR कोड स्कैन करें
https://tithe.ly/give?c=308311

Give in the Spirit of Luke 6:38

3. हमारे व्हाट्सएप वाचा समुदाय में शामिल हों

अद्यतन जानकारी, भक्ति सामग्री प्राप्त करें, तथा विश्व भर में वाचा-विचार वाले विश्वासियों से जुड़ें।

जुड़ने के लिए स्कैन करें

https://chat.whatsapp.com/H67spSun32DDTma8TLh0ov

Join Whatsapp Comm.

और अधिक संसाधनों

ई-पुस्तकों, शिक्षाओं, मार्गदर्शन और राष्ट्रों से अपडेट के लिए हमारे ऑनलाइन हब पर जाएँ:

www.otakada.org

Get More Resources 2m +

हम सब मिलकर राष्ट्रों में बीज बो रहे हैं और जीवन में बदलाव ला रहे हैं।

गॉड्स ईगल मिनिस्ट्रीज GEM | राजदूत मंडे ओ. ओगबे

लेखक द्वारा प्रकाशित अन्य पुस्तकें – 500 से अधिक शीर्षक

प्रेम, चयन और **संपूर्ण : अस्वीकृति से पुनर्स्थापना** तक की 30 दिवसीय यात्रा का विश्व की 40 भाषाओं में अनुवाद

https://www.amazon.com/Loved-Chosen-Whole-Rejection-Restoration-ebook/dp/B0F9VSD8WL

Amazon - Love Chosen and Whole

उनके कदमों में - 40-दिवसीय WWJD चुनौती:

दुनिया भर में वास्तविक जीवन की कहानियों में यीशु की तरह जीना

https://www.amazon.com/His-Steps-Challenge-Real-Life-Stories-ebook/dp/B0FCYTL5MG

Amazon - In His Steps

यीशु दरवाजे पर:

40 हृदय विदारक कहानियाँ और आज के चर्चों के लिए स्वर्ग की अंतिम चेतावनी

https://www.amazon.com/dp/B0FDX31L9F

Amazon - Jesus at the door

JESUS AT THE DOOR
40 HEARTBREAKING STORIES AND HEAVEN'S FINAL WARNING TO TODAY'S CHURCHES
ZACHARIAS GODSEAGLE,
COMFORT LADI OGBE,
AMBASSADOR MONDAY O. OGBE

https://www.amazon.com/stores/Ambassador-Monday-O.-Ogbe/author/B07MSBPFNX पर देखी जा सकती हैं

Amazon - Ambassador Author Page

www.ingramcontent.com/pod-product-compliance
Lightning Source LLC
LaVergne TN
LVHW040420051026
849517LV00002B/399
* 9 7 9 8 3 4 9 2 1 4 6 0 8 *